古代播磨小田原村
日和《ひより》の考察

神様の我慢くらべ

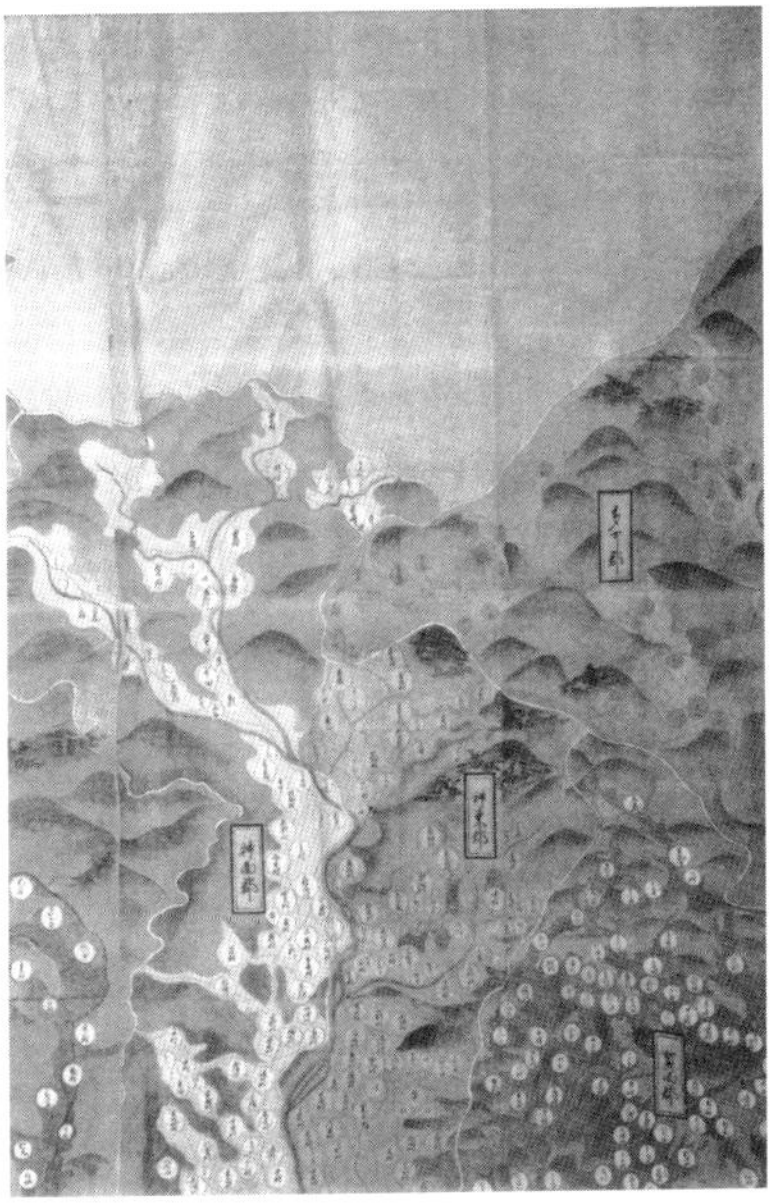

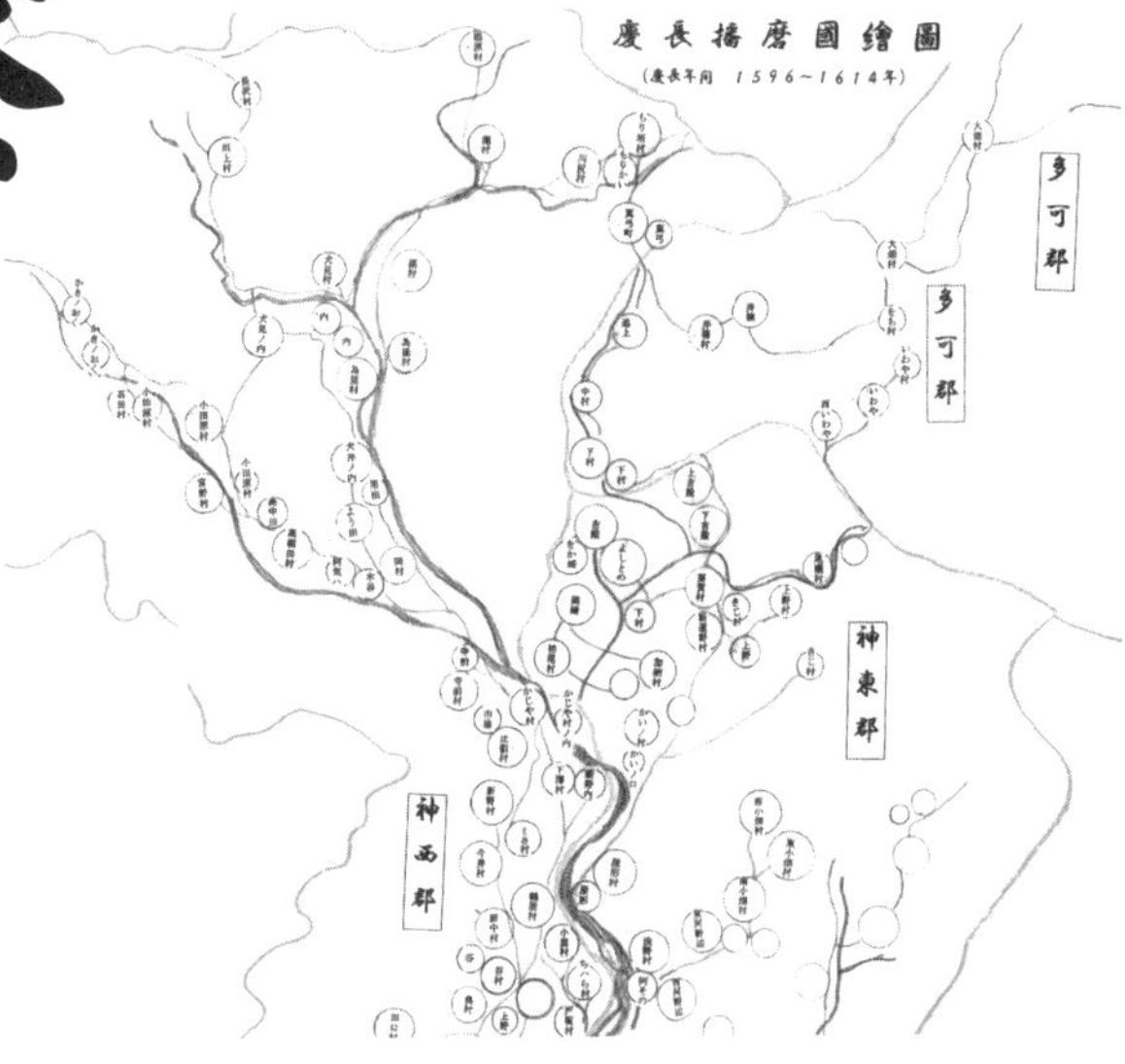

日和貞憲
HIYORI Sadanori

文芸社

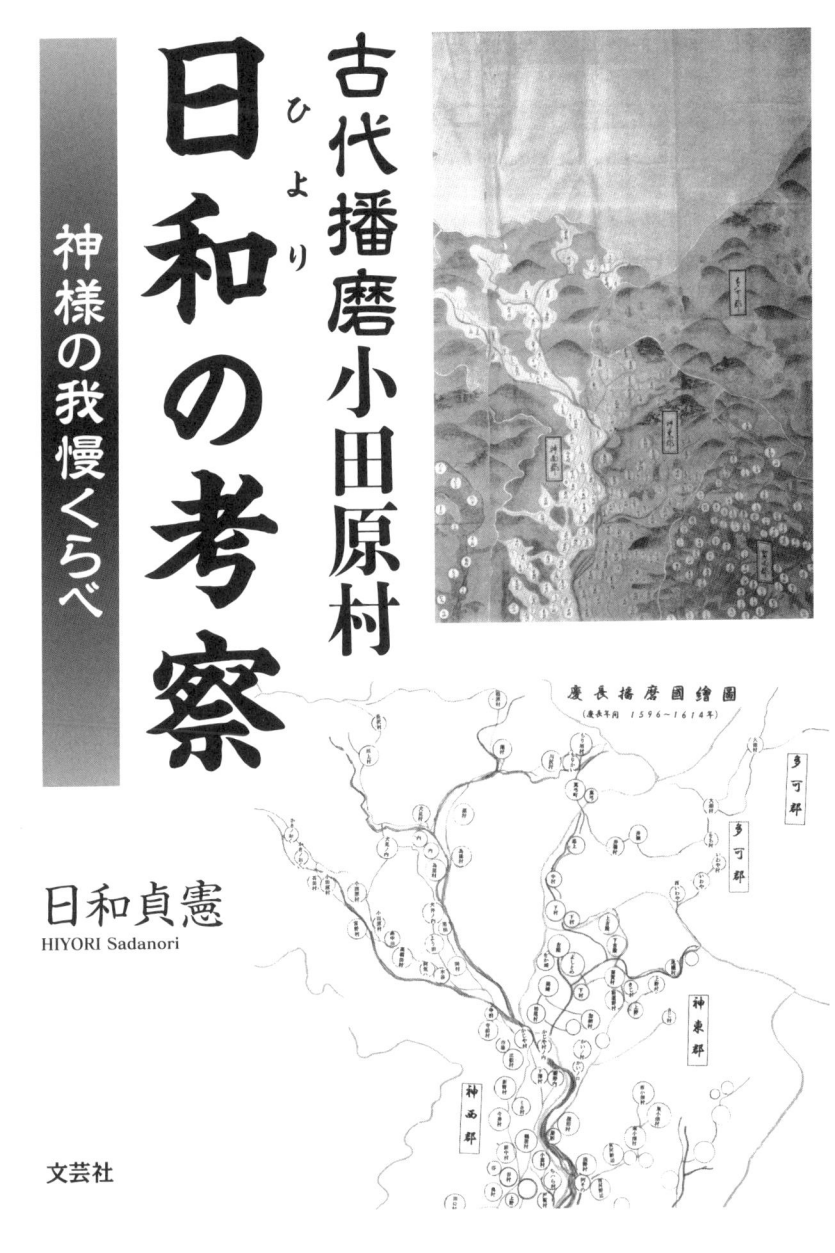

はじめに

私の生まれた一三〇〇年以上前の古代湯川村ってどんな様子だったのだろう。

私の住む村に人々が住み着いたのはいつの頃であろうか。

なぜ小田原村というようになったのか。

なぜ私は日和という名字になったのか。

本を読む、考える、物証に照らして考える。もうこのくらい考えれば十分かなと思っていると、また考えなければならない事案が出てくる。休まることがない。

古いことを探って何になる、そんなことより現在の生活が大切だという。

その言葉の裏には建設的な先進的意義があることに気がついた。

過去の実績を見つめ、現在を大切に生きることは、やがて過去のよい歴史となって後世に継がれるからだ。なつかしい未来となる。

歴史文化を活用する取り組みを実践したい。

目次

本文イラスト　木村　浩

第一章　古代の郷土がわかる『播磨国風土記』

和銅《わどう》元年（七〇八）、武蔵国《むさしのくに》から和銅（自然銅《しぜんどう》）が献上され、天皇はこれをめでたいとして年号を「和銅」に改められた。和銅開珎《わどうかいちん》（「わどうかいほう」ともいう）の銅銭と銀銭を鋳造《ちゅうぞう》し使用した。

大宝律令《たいほうりつりょう》に沿った宮《みや》を創《つく》るため和銅三年（七一〇）、藤原京から平城京に遷都《せんと》。日本国中を律令に沿って変えるにあたり、和銅六年（七一三）、元明《げんめい》天皇により詔《みことのり》が発せられた。

その頃の播磨守《はりまのかみ》は、巨勢朝臣邑治《こせのあそんおおじ》であって、彼は単なる官僚政治家ではなく、文人としての誉れの高い人だった。国司は大石王《おおいしおう》だった。

編纂《へんさん》の実務を担当したのは、楽浪河内大目《さだなみのかわちだいさかん》（大は大少の大、目《さかん》は四等官《しとうかん》＝守《かみ》・介《すけ》・掾《じょう》・目《さかん》のうちの目《さかん》＝役人の位）という。彼の父は百済《くだら》のお坊さんで、百済滅亡の時に日本に亡命して来た。

楽浪河内は在日二世で、日本で官人になった。のちには、皇太子に学問を教える東宮学士になった学者だった。

編纂者・楽浪河内大目により『播磨国風土記《はりまのくにふどき》』が霊亀《れいき》元年（七一五）、元正《げんしょう》天皇の頃に成立。

当『風土記』（以下、『風土記』は『播磨国風土記』のこと）写本は公文書様式で、巻物《まきもの》

（横八メートル五十六センチ、縦二十八センチ）になっている。元は杉か檜《ひのき》の板に書かれていたのを写したものである。杉、檜は貴重であった。

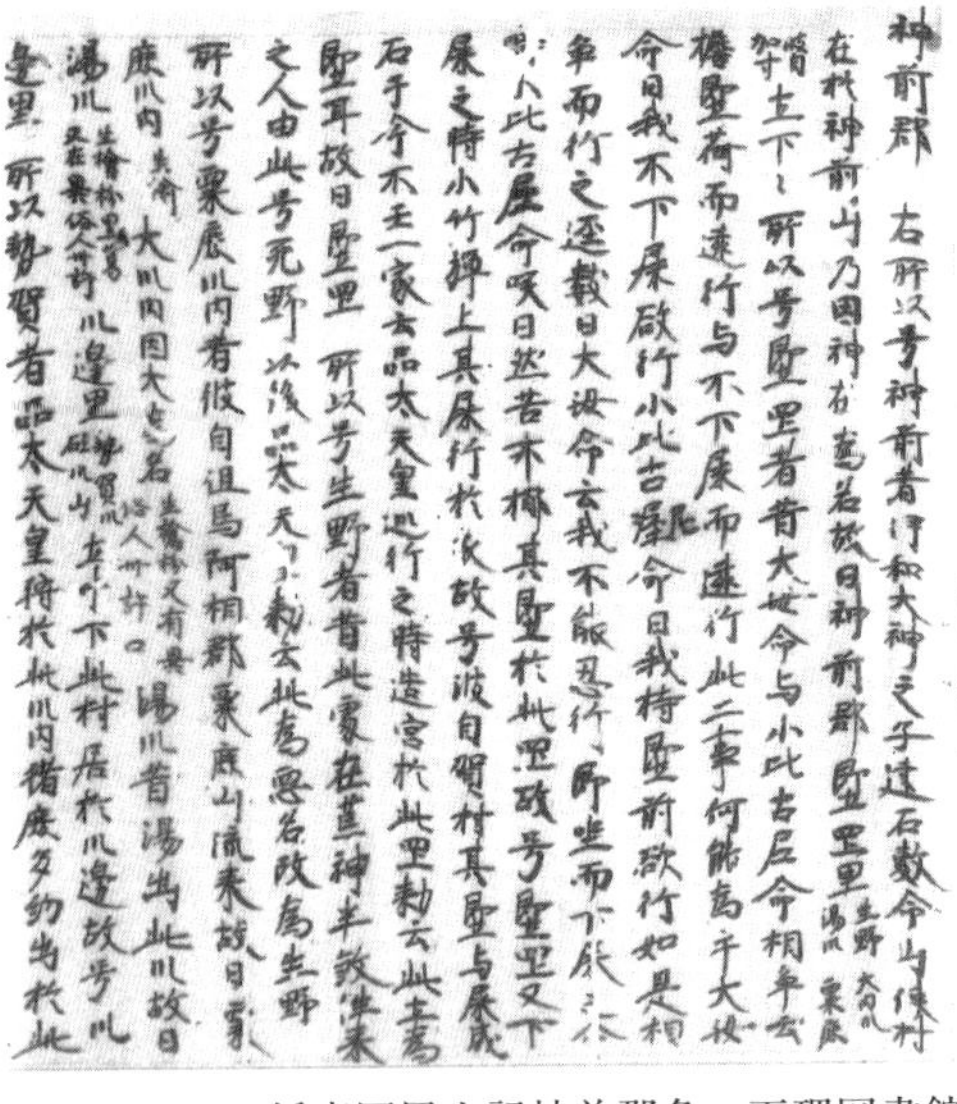

播磨国風土記神前郡条　天理図書館所蔵

一節　神前郡《かむさきのこほり》

右、神前《かむさき》と名づけたわけは、伊和大神《いわのおおかみ》の子《みこ》、建石敷命《たけいはしきのみこと》が（山崎村《やまさきむら》の）神前山《かむさきやま》に在《いま》す。すなわち、神の在《いま》すに因《よ》りて名《な》と為《な》す、故《かれ》、神前郡《かむさきのこほり》と曰《いふ》。

（『風土記』抜粋）

霊亀元年（七一五）完成の『播磨国風土記』写本に「神前郡」とある。承和《しょうわ》三年（八三六）、元慶《がんぎょう》六年（八八二）、延喜《えんぎ》年間（九〇一～九二三）では「神埼郡」、延喜年間の延喜民部省に「神崎郡」と見える。創建は大化の改新時。貞和《じょうわ》四年（一三四八）十月十八日、『峰相記《ほうそうき》』には播磨十七郡として、神西・神東に分郡している。南北朝の初期になる。明治二十九年（一八九六）、再び併合した。

伊和大神《いわのおおかみ》は播磨国一の宮・伊和神社《いわじんじゃ》（御鎮座地：兵庫県宍粟《しそう》市一宮町須行名《すぎょうめ》式内社）御祭神、大己貴神《おおなむちのかみ》（大名持御魂神《おおなむちみたまのかみ》、大国主命《おおくにぬしのみこと》、伊和大神とも申し上げる）配祀《はいき》の少彦名神《すくなひこなのかみ》と播磨国内を巡行されて国造り《くにづく》の事業をされた。と今はなっているが、伊和座大名持《いわのおほなもち》御魂《みたま》神社祭神、大己貴神を主神とし、少彦名神、下照姫神《したてるひめのかみ》を配祀している。

伊和大神は出雲《いずも》から来た神で、元は神酒《みわ》だったが、倭《やまと》の三輪《みわ》（元神酒大神《もとみわのおおかみ》）に対し、MIのMを落として伊和《いわ》とした。伊和は岩、磐座《いわくら》、山、鉱石をも意味する。

鎮座地の宍粟郡一宮町須行名は、神戸郷を神戸、安黒、伊和村に三分された。『風土記』には宍禾《しさは》条に「伊和村」とある。

通常、農耕神と解されているが、もともとは商工神・生産神であって、のちに変更されて農耕神、鉱山神になった。伊和大神の祭主一族は伊和君氏《いわのきみうじ》である。

伊和大神は豪族伊和族が崇敬した神で、伊和の地を根拠地として揖保川《いぼがわ》流域を中心に、西は千種川《ちくさがわ》流域、東は市川《いちかわ》流域へと広く治世地とし、播磨の国土開発をした。

大己貴神《おおなむちのかみ》・大名持神《おほなもちのかみ》・大穴持神《おおあなもちのかみ》は出雲に存在していなくて、七四〇年以降、出雲に新たに祀《まつ》られるようになった。

大国主神《おおくにぬしのかみ》は出雲で大穴持神＝大国主神としたものである。

あとから来た建石敷命《たていわしきのみこと》、または建石敷命《たていしのみこと》は立岩、立石、石立で饒速日尊《にぎはやひのみこと》のことで、別名大物主神《おおものぬしのかみ》という。

饒速日尊の実働が大物主神、さらに大物主より大きい実働は鴨族《かもぞく》が崇拝《すうはい》した大歳神《おおとしのかみ》である。

『播磨国風土記』の伊和大神と大己貴神は同一神であり、『風土記』による神名の大汝命《おおなむちのみこと》、葦原志許乎命《あしはらのしこおのみこと》も同一神である。

日吉大社の祭神・大己貴神が三輪山の大物主神であるように、伊和神社の祭神・大己貴神についても大物主神なのだろう。

『日本書紀』播磨明神記によれば、伊和神社の祭神・大己貴神は大物主神である。ちなみに、筆者が氏子である立岩《たていわ》神社の祭神は大物主神になっている。

大物主命と大国主命とは同じ魂《たましい》の生まれ変わりとしたもので、異名同神ではない。大己貴神は出雲系の神で、古くから播磨で勢力を持っていた。大己貴、大穴持は鉱山のことで、鉱山神、鉱山所有者である。古い製鉄技術だったので製造量はあまりなかった。

伊和大神は古い製鉄技術の倭鍛冶《わかじ》・前期百済系の在来神である。

※伊和中山《いわなかやま》一号墳（宍粟市一宮町）には、鉄剣、鉄斧《てつおの》がある。

境内社《けいだいしゃ》として五柱社《いつはしらしゃ》（祭神・スサノオ神、猿田彦神《さるたひこのかみ》ほか三神）がある。

山崎村《やまさきむら》は現・神崎郡福崎町《かんざきぐんふくさきちょう》山崎字《あざ》北山のこと。ここに元鎮守山崎明神《もとちんじゅやまさきみょうじん》（祭神・山崎明神〈建石敷命《たていわしきのみこと》〉）現・二之宮神社（祭神・建石敷命、大年神《おおとしがみ》、坂戸神《さかとかみ》）がある。

播磨国の一宮が伊和神社、二の宮がこの二之宮神社になる。

神前山《かむさきやま》には岩の祠《ほこら》があって、岩には石英が散在する。

なお、飛鳥《あすか》時代（五九二～七一〇）には、まだ神社の社はなかった。

※山崎村と福田村（現・福崎町福田）間の古生層《こせいそう》の粘土《ねんど》中に黄硫鐵《おうりゅうてつ》を散見したという。

二節　聖岡里《はにおかのさと》

聖岡里《はにおかのさと》。生野《いくの》、大川内《おほかふち》、湯川《ゆかは》、粟鹿《あはか》、波自加《はじか》の村。土は下《しも》の下《しも》。

（『風土記』抜粋）

神前の郡聖岡《はにおか》の里は、播磨の市川の上流の現・朝来《あさご》市《し》生野町《いくのちょう》、神崎郡神河町《かんざきぐんかみかわちょう》市川流域及び市川町北部の一部である。

村が出来始めたのは、米作りが伝えられた三世紀頃のことだろう。中国を経て九州に伝えられてから近畿地方へは早く伝えられたということだから、四、五、六世紀の古墳時代には当地域でも村があったのではないか。また、『播磨国風土記』編纂が七

播磨国　神前郡　聖岡里

一五年なので、それまでに湯川村は出来ていた。よって、湯川村は六世紀頃には出来ていたと思慮する。

大宝律令（七〇一）によって、生野、大川内、湯川、粟鹿、波自加村は聖岡の里となった。

八世紀に庄園の制定とともに湯川庄となった。

大川は上流から生野川、大川、神崎川《かんざきがわ》と呼ばれ、瀬戸内海へ流れている。大川はのちに河口にあった市場《いちば》の市《いち》をとって市川《いちかわ》となった。

土地の肥沃度《ひよくど》（地味《ちみ》）を上の上（第一等）から下の下（第九等）で評価すると、下の下である。一番土壌が痩せて悪く、溶解岩が風化して表面から三十センチほどの深さは粘土質で強い酸性になっている。ヌルヌルの粘土層には、砿《あらがね》を含んでいる。

粘土は水はけが悪く（逆に整地すれば水持ちは良い）肥料が効かない。播磨十郡七十六里の中では、他に下の下は宍禾郡雲箇里《しさはのこおりうるかのさと》のみ。

○生野村

生野《いくの》と号《なづ》けしわけは、昔、ここに荒《あら》ぶる神在《いま》して、往来《ゆきき》の人を半数殺《なかばころ》しき。このことによって死野《しにの》と号《なづ》けき。以後《のち》、品太天皇《ほむだてんのう》（応神天皇《おうじんてんのう》）が、おっしゃったことには「これは悪《あ》しき名《な》なり」と仰《おお》せられたので、改《あらた》めて生野《いくの》とした。

「荒振神《あらぶるかみ》」とは、鉱山作業を神格化したものである。金属資源の採掘と溶解作業により、耕地を荒廃させ、さらに鉱毒で住民を苦しめる神の行為を鎮《しず》めるため、佐比《さひ》（耕作作業用具・鋤《すき》）を作ってお供えした。

在地神《ざいちがみ》である伊和大神《いわのおおかみ》が人々の往来を妨害する「荒ぶる神」とされた。これは王権にとって都合よくしたものである。その神を武力ではなく「怒り」の原因を見抜いて、山《さん》上《じょう》にあった社《やしろ》を山辺《やまべ》で祭るといった、これまでの祭祀《さいき》方法を変えた。

さらに、在地神である「荒ぶる神」の「怒り」「崇《たた》り」を抑え、地域社会の「守護神」に転化させて丁重に祭り、祭主になった渡来系氏族《うじぞく》の始祖（大国主神《おおくにぬしのかみ》）の功績として語り、伝承させた。よって、伊和大神の業績を大国主神のものとし、ともに祭られているのである。

「半数殺しき」は、流砒鉄鉱《りゅうひてっこう》等を焼いて鉄等を取り出す際にヒ素が昇華する。この鉱毒（ヒ素）により人が中毒を起こしていた。赤土には水銀が含まれており、人体に悪影響となった。ただ、古代にあって水銀は薬、顔料、朱色として、壁画、仏像、鳥居等の塗料に使われていた。

また、生野の市川の流れが極端に蛇行《だこう》しているため、たびたび氾濫《はんらん》していたことを「荒振神《あらぶるかみ》」と言うようになったともいう。

聖岡里《はにおかのさと》の生野の地名は死野《しにの》といっていた。死野は鉱物によって、金草《かなくさ》が群生しているうえに、土が黒いので死野といったのだろう。

金草《かなくさ》は鉱山及び金属鉱床地帯の標本植物であって、和名「蛇《へび》の寝御座《ねござ》」といい、株の間《あいだ》に蛇《へび》（蝮《まむし》）がとぐろを巻いているさまからつけられたのだろう。別名カナヤマシダ、カナケシダなどと呼ばれる。

鉱石がある山には金草がたくさん生えている所をみて、山を掘って金属を取り出していた。

また、市川の川底の砂の中に生えている播磨葦《はりまあし》の根の周りに褐鉄鉱《かってつこう》が凝集《ぎょうしゅう》する。水中の鉄分の凝集が褐鉄鉱を作り出す。褐鉄鉱は不純物が多くもろいのが欠点だが、銅よりも低い温度で加工が可能な扱いやすい金属である。

加熱の具合によって、赤色《あかいろ》の顔料《がんりょう》に加工することができる。

赤は太陽の色であるので、古代は古墳内部や貴人の持ち物に塗られ重宝《ちょうほう》された。

褐鉄鉱は古代より貴重な鉱物資源だった。

日吉神社古記録に生野庄口金屋町《くちかなやまち》という村落名がある。金は鉱石を表す。

聖岡里《はにおかのさと》の生野は、現・朝来市生野町字口銀谷《くちかなや》から黒川、森垣《もりがき》、真弓《まゆみ》の地域だった。

なお、口銀谷、森垣付近は市川の氾濫で水浸《みずびた》しになっていた。川尻、栃原はのちに生野に併合された。口銀谷の銀は、水銀・銀を表している。

後年、栃原本村《とちはらほんむら》より千町坂《せんちょうさか》にかけての粘土中に黄硫《おうりゅう》鉄鉱《てっこう》を発見している。

・死野とエミシ語

死野をシノとかシヌと読むと、エミシ語のシヌプ（si-nup）となる。シ（si）は、糞《ふん》・大便《だいべん》とか「大きい」であるから、シヌプは大野であり糞野《ふんの》でもある。

『播磨国風土記』宍禾郡の項に、

…黒土の死爾嵩に至りまし、…

シニ野（神西郡聖岡里生野の旧名）の山は、鉱物の酸化によって土色が黒く、ゆえに黒土を冠称《かんしょう》したものだろう。黒川、黒原、女黒、黒尾山などの「黒」を地名とするものが散在する。

死野はシニ嵩のシニと同じ地名。死以外の意味での実在地名であろう。

エミシ語では、死爾嵩《シニダケ》のシニ（sini）は休むの意味で、後述の神話「我慢くらべ」の筋書きに近い。

死野と死爾嵩は同じところの地名であって、大汝命《おおなむちのみこと》と小比古尼命《すくなひこねのみこと》が「休んだ」という話のもとになり、「休み・野」「休み岳」となる。

同じ発音で同一地名を表し、意味は「休む」を兼ねて、掛詞《かけことば》となっている。

また、生野は市川の流れが極端に蛇行しているため、たびたび氾濫していた。田や畑の野が死んでしまうことから死野といったのではないかともいう。

・死野改め生野

『風土記』編纂よりずっと以前は死に対して神聖なものであって、悪しきこととは考えていない時代だった。

死野を改めて生野としたのは、『風土記』編纂にあたり地名は、二文字で好字にすることとなっていた。

『播磨国風土記』はありのままを書いて提出したので、天皇に仕えていた編纂者・楽浪《さだなみの》河内大目《かわちだいさかん》が倭王権《やまと》による支配権を重んじて、応神天皇によるものとして便乗したのである。

生野《いくの》は鋳処野《いくの》とも考えられ、鉱物がある所。

生野には長年にわたって掘られた間歩《まぶ》（坑口《こうぐち》の意。坑内を含めることもある）が一二〇〇か所ほどあるだろうという。このうち古代の間歩は何か所だろう。

生野金ケ瀬《かながせ》（五左衛門鉱山、七郎左衛門鉱山）へ生野銀山発見・大同二年（八〇七）より以前に島根より鉱山師が移住してきたという記録がある。その後天文十一年（一五四三）に石見《いわみ》銀山より精錬技術を導入して、銀鉱の冶金《やきん》によって銀を産出した。

鉱毒は明治二十九年（一八九六）まで市川にのみ流された。明治末期に太盛鉱が開発されると同時に円山川《まるやまがわ》にも鉱毒が流されるようになった。と同時に鮭が見られなくなった。

生野ではカラミ（スラグ・鋼滓《こうさい》・金屎《かなくそ》）を使って石垣、塀、寺の参道に利用されている。

生野町口銀谷《くちかなや》に姫宮神社がある。古城山山麓《さんろく》鎮座時代は日吉山王権現《ひえさんのうごんげん》を祀《まつ》った。また、境内神社の八幡宮《はちまんぐう》の祭神に誉田別神《ほむだわけのかみ》（応神天皇）がある。

生野町奥銀谷字漆谷《うるしたに》に秋葉《あきば》神社（祭神・大己貴命《おおなむちのみこと》）がある。

朝来市生野町字三ノ段（黒川本村《くろかわほんそん》）に日吉《ひよし》神社（祭神・大穴牟遲命《おおなむじのみこと》）がある。俗称・山王社《さんのうしゃ》と呼んでいるのは日吉山王権現と同神を勧請《かんじょう》したからである。

なお、山王権現は、工業の守護神といわれる。境内の若宮神社（祭神・誉田別尊《ほんだわけのみこと》）がある。

同、生野町黒川字宮ノ越《みやのこし》に日吉神社（祭神・大穴牟遲命《おおあなむじのみこと》）がある。
同、奥銀谷字漆谷《うるしたに》に秋葉《あきば》神社（祭神・大己貴命《おおなむちのみこと》）がある。
同、現・生野町栃原《とちはら》に栃原鉱山跡（主にミョウバン採掘という）がある。

・生野の岑《みね》から稲種山《いなたねやま》

稲種山《いなたねやま》　大汝命《おほなむちのみこと》、少日子根《すくなひこね》二柱の神、神前郡聖岡里《かむさきのこほりはにおかのさと》生野の岑《みね》に在《いま》して、そこから見て、この山に望《のぞ》みて云《い》われますには、「彼《そ》の山には、稲種をおくべし」。即《すなは》ち稲種を遣《や》りて、この山に積《つ》みき。山の形《かたち》また稲積《いなづみ》に似《に》たり。故《かれ》、号《なづ》けて稲種山《いなたねやま》と曰《いひ》き。

（『播磨国風土記』揖保の郡林田の里（姫路市）稲種山の項抜粋）

稲種山は現・姫路市大市《おおいち》とたつの市揖保境《いぼさかい》の峰相山《みねあいやま》（二三九・七メートル）（近くには通称「とんがり山」二四五メートル・姫路市石倉《いしくら》）のこと。山麓の稲垣明神社《いながきみょうじんしゃ》がその遺《い》称《しょう》。

岑《みね》は峰。生野の峰は現・朝来市生野町と宍粟市一宮町との境にある「段ヶ峰《だんがみね》」一一〇三メートルのことで「ダルガ峰」とも呼ばれている。

「段《だん》」のつく地名は、山地では「山崩れ」が発生した場所、台状の地形、ほかにも鉱石採取のための人工的な切り崩しによる傾斜のゆるい斜面に「段」の地名がつけられている（千町の大段山、福地の段、東河内の樅ケ段《もみがだん》）。

「そこから見て」とは、神様が神聖な峰から国見《くにみ》をされて見えた所を支配地とされたから。また、生野から市川の西岸を下って姫路飾磨港《ひめじしかまこう》（古代では飾磨屯倉《しかまのみやけ》のあった所）までの「たじま道」が通じていることを指しているのだろう。市川東岸の但馬街道《たじまかいどう》とは別の道である。

聖岡《はにおか》の里の地味《ちみ》は下の下（第九等）で稲作に適さず、林田の里は中の下（第六等）で稲《いな》種《だね》を持って行ったが、地味《ちみ》はよくない方なので稲作にもそれほどよくない土地だろう。

稲種山（現・峰相山《みねあいやま》・とんがり山）には、聖岡の里と同じような鉄分を多く含んだ粘土層が多くある。この土は筍《たけのこ》の育成に適している。現在筍の産地になっている。

稲種の原形はイナダニであって、鋳土谷《いなだに》、すなわち砂鉄が採《と》れる谷であり、鉱山師が製鉄をする「御《おん》事業場所」という。

穴穂《あなほ》である鉄鉱石の黒褐色を古代米《こだいまい》（紫黒米・黒米・赤米）の稲穂《いなほ》の籾《もみ》の黒褐色に似ているとしたのではないか。

「即稲種を遣《や》りて」とは、少日子根神が、聖岡の里の「穴穂《あなほ》」を「たじま道」を通るか、船に積み市川を下って林田《はやしだ》の里へ運び込んだ。

良質の鉄である「穴穂」を稲種山の頂上に敷き詰めたものなのか、穴穂を砂山《すなやま》のように積み上げたものだろうか。

稲種山の辺りには古窯跡《こしょうあと》があり、陶工の技術者集団が居て、陶工だけでなく、鉱石も鋳《い》たようだ。稲積《いなづみ》は鐵《まがね》（鉄）を積み上げて盛《も》り、差し出す意。

川の上流では丸太を組んで丸木舟《まるきぶね》にした。舟の丸太、舟に載せていた荷物を担《かつ》いで、峠《とうげ》を越えて次の川まで運び、組み立てた。川の中にある岩などで通れない場合も同じである。これが、お神輿《みこし》さんの原形である。

川の下流では、木をくりぬいて舟を作っていた。古代丸木舟を作るには、焼いても割れないまるい石を真っ赤に焼いて丸太の上に載せて木を焦《こ》がし、炭《すみ》になった部分を削ってくり抜いた。また、鉄で舟をつくるための工具を作った。

○大川内村

大川内《おほかふち》。大《おほ》きに因《よ》って名と為《な》す。檜《ひのき》、杉生《すぎお》ふ。又《また》、異俗人《あだしひと》、三十許口《みそたりばかり》有《あ》り。

大川内は生野から古名「大川」（現・市川）流域で、栃原、真弓、現・神河町川尻、淵《ふち》、長谷から南へ寺前《てらまえ》までをいう。「大き《おほ》」は「広い」の意。太古の大川（現・市川）が川として定まるまでは、洪水のたびに流線を変えていた。また下流の南部は大湖水であって、甲山八幡宮の山は湖水の中の島であった。

「異俗人三十許口有り《あだしひとみそたりばかりあ》」とは、中央の王権から稲種《いなたね》（種籾《たねもみ》・播磨国で五万束）分与とともに強制的に移住させられた三十人の蝦夷《えみし》のようだ。「蝦夷一人に百な人」といい、蝦夷一人は内地人《ないちじん》一〇〇人に匹敵するというほど勇敢であったという。

大川内村の現・神河町長谷《はせ》の市原《いちはら》神社（祭神・天照大御神《あまてらすおおみかみ》・大年神《おおとしがみ》その他）は大中臣《おおなかおみ》長麿《おさまろ》（三田長《さんだおさ》）が建立し、祭神は神代七代国之常立神《かみよななよくにのとこたちのかみ》とある。

大中臣長麿は中臣鎌足《なかとみのかまたり》の子孫である。大化《たいか》大中《おおなか》は仲をとりもつ人の意。倭《やまと》王権と地方豪族との仲立《なかだ》ち役であったのだろう。大化年中《ねんじゅう》（六四五年頃）播磨国犬見《いぬみ》村《むら》（現・神河町長谷《はせ》）を大中臣長麿《おおなかおみおさまろ》（別名三田長《さんだおさ》、山田《やまだ》長《おさ》）が開拓した。

前述の死野（生野）には猛獣が出没し人を害した。山田長は武勇もあって、檀《まゆみ》（弓《ゆみ》のこと）をもって猛獣を退治したという。弓矢の先に鉄を入れたのだろう。鉄を製錬するのに動物の骨（カルシウム）が必要だった。

なお、蝦夷《えみし》の系譜を引く佐伯部《さえきべ》は、狩猟も得意としていた。

讃容《さよ》の郡《こほり》の項に、「見《み》あらはしし人《ひと》は別部《わけべ》の犬《いぬ》」とある。別部《わけべ》は和気氏《わけうじ》（備前和気郡《びぜんわけぐん》を本居とする）の部民《ぶみん》、犬は名《な》。鹿庭山の鉄の発見者である。犬は産鉄民《さんてつみん》の異称である。

孝徳天皇（六四五～六五四）の時、鹿庭山の鉄が朝廷に献上された。孝徳朝期は、一種の殖産興業的政策が図られたようだ。

当時天皇の犬に「真奈志濾《まなしろ》」（白犬）と名付け、狩猟用等を目的に飼われていた。熊《くま》、狼《おおかみ》、猪《いのしし》等の狩りに犬を使い、犬の墓（犬塚）が作られていた。現・神河町長谷《はせ》に犬塚がある。

市川（古名「大川」）の支流、犬見川《いぬみがわ》流域に犬見村《いぬみむら》があった。ここに犬見銅山、朝日鉱山（黄鉄鉱《おうてっこう》・藍銅鉱《あいどうこう》）があった。犬見（足尾）銅山のふもとの地名を砂子《すなこ》といい、砂鉄が採れていたことを表している。

犬見川の源流付近でススキの有名な砥峰《とのみね》高原（神河町川上）付近にあった川上鉱山は永《えい》

享《きょう》年間（一四二九～四一）に開発され、銀・銅を産出。貞享《じょうきょう》四年（一六八七）には幕府領生野銀山支配下となる。

小福地銅山は延享《えんきょう》三年（一七四六）に銀・銅を産出。亀若銅山は寛延《かんえん》三年（一七五〇）に銀・銅を産出。琢美鉱山（流砒鉄鋼・黄銅鉱・黄鉄鉱）、また鉉赤《つるあか》鉱山は、坑口《こうぐち》四か所以上、焼き窯《がま》跡四基、沈殿槽《ちんでんそう》跡、精錬所跡があり、谷川には多量のカラミ（金属分をとった残りカス）がある。坑口から掘り出して下手《しもて》の沈殿槽で砂鉄を選鉱し、焼き窯で砂鉄と炭を焼いて鉄を採取した。

※明治二十四年（一八九一）の分析では（単位：パーセント）、不溶残滓《ふようざんさい》一〇・一五、鐵《まがね》（鉄）三一・〇一、マンガニース〇・一三、コバルト〇・一七、ニッケル痕跡砒《こんせきひ》三七・一二、硫黄《いおう》二〇・八二

砥峰《とのみね》高原は地名のとおり砥石《といし》（石英と鉄より軟らかい石の混じった石）が採れる。薄茶色の砥石で、中砥石《なかといし》として鉄鎌《てつかま》、ナイフ等を研いだ。我が家では砥峰高原の砥石を草刈鎌、鉈《なた》用として使っている。鉄と砥石はセットである。鉱山跡、砥石が古代にも採取されていた証《あかし》である。

現・神河町川上字宮ノ元の大歳神社《おおとし》（祭神・大山祇命《おおやまつみのみこと》）は銅山開発による守護神として創立。この境内社に火産霊神社《ひむすび》がある。火を司る《つかさど》神社である。

同、栗《くり》の鉾採神社《ほことり》（祭神・いざなぎの尊《みこと》、いざなみの尊、天照大御神）の境内神社に金《こん》比羅《びら》神社（祭神・金山彦命《かなやまひこのみこと》）がある。鉾採《ほことり》の鉾は剣《けん》のことで、共に鉄の神であった。

現・生野町栃原《とちはら》字奥ノ谷の八幡神社（祭神・誉田別尊《ほんだわけのみこと》）がある。

同、真弓《まゆみ》字宮後に越年神社（祭神・御年命《みとしのみこと》。大年神《おおとしがみ》の御子《みこ》のこと）がある。

同、川尻《かわじり》字奥山に大歳神社（祭神・大年命《おおとしのみこと》）がある。

現・神河町長谷淵字山根に大年神社（祭神・大年命《おおとしのみこと》）がある。

同、大河字井上に大歳《おおとし》神社（祭神・大歳神《おおとしがみ》他）がある。

なお、当神社に日和《ひより》神社が合祀《ごうし》されている。

同、鍛治《かじ》に山王《さんのう》神社（祭神・大山咋神《おおやまくいのかみ》）がある。地名の「鍛冶《かじ》」は昔「鍛冶屋《かじや》」ともいい、地内に鍛冶屋があったことに由来する。付近の山に鍛冶屋谷という地名がある。

同、寺前字金谷《かなたに》に金谷神社（祭神・金山彦神《かなやまひこのかみ》）がある。鉱山の神である。

古墳に埴《はに》（焼き土）が使われていた。寺前城山一～四号古墳（横穴式古墳）がある。

○湯川村

湯川《ゆかわ》　昔、湯、此《こ》の川出《い》でき。故《かれ》、湯川といふ。檜《ひのき》、杉、黒葛《くろかづら》生《お》ふ。又、異俗人《あだしひと》、三十許口《みそたりばかり》在《あ》り。

湯川は市川の支流で現・小田原川《おだわらがわ》の古名。当『風土記』には井戸・水・酒の記述は多いが、唯一「湯」の記録である。飛鳥時代以前に湯が湧いていたという。

五風土記で温泉の湧き出しを示した最古の温泉記録である。別府《べっぷ》温泉、道後《どうご》温泉は逸文《いつぶん》による。有馬温泉は『日本書紀』に舒明《じょめい》三年（六三一）に舒明天皇が入浴されたとある。湯川もこの頃だろう。

泉源と伝わる湯町《ゆまち》（現・兵庫県神崎郡神河町南小田小字日和《ひより》地区）には、雪が積もらないと言われていた。その後、この地の山裾《やますそ》に石を積み上げて猪垣を作りイノシシの侵入を防いだので猪野《いのの》と呼ばれるようになった。

この一角の小高い丘に薬師堂跡（高さ一・五メートル、面積十五平方メートル）があった。

薬師堂は、病気平癒《へいゆ》に効験のある仏として、また、温泉を守るためお祀《まつ》りしたのだろう。

平成十年（一九九八）の耕地整理の際に、石垣で覆われた屋敷跡が取り壊された。なお、この工事の時に水路（湯路か）と思われる所があった。

湯口から湯壺《ゆつぼ》まで湯を引くのに使った石の筧《かけい》（長さ二メートル、小口二十五センチ×三十七センチ）が泉源の南東の立石に保存されている。泉源より移動したのは、のちに村人が隣の宮野との境を鮮明にするため移したもの。

また、明治時代の行政官による記録によると、付近の山からは湯煙が立っていたという。明治三十年（一八九七）の『神皇御舊蹟《きゅうせき》私考』によると、「湯川《ゆかわ》今ノ寺前村大字上小田大字南小田ノ地ヲ中古湯川ノ荘トイヘリソノ湯川トイヘルハ寺前村大字宮野（字東山）ノ山上ニ湯氣ノ出ヅル穴アリ其麓に温泉ノ湧出セシ跡アリト大杉兵太郎氏（郡書記）ハイヘリ」とある。

大字宮野（字東山）の山上とは、現・宮野と南小田小字日和の境目になる。

日和集落側は横手の通称「向山《むかいやま》」、宮野集落側では東山のことで、向山の麓《ふもと》が湯町になる。

昭和三十年（一九五五）代に日和居住の桑田氏が、この泉源を掘って温泉にしたいということで京都大学教授に調査依頼をされた。教授はとてつもない山奥と思い缶詰を持って来られたという。結果は地下の岩盤が古くてもろい、湯の量が少なく温度も低いということ。また温泉の権利のこともあって断念された。

奈良時代にはすでに湯は出なくなっていたのだろう。城崎《きのさき》温泉の湯が出ていた所へ馬糞《ばふん》を投げ入れたことによって、祟《たた》りで湯が出なくなり、方へ飛んで行ってしまった、との伝説がある。城崎温泉のある日和山《ひよりやま》は、昔、漁業や北前船の日和見を行ったことに由来する。

なお、湯川は湯煙の立っていた山の麓と湯町の間《あいだ》を流れていたようだ。湯が出るところは鉱脈がある証《あかし》でもある。

檜・杉はお寺を造る材料である。福本堂屋敷遺跡《ふくもとどうやしきいせき》にあった播磨犬寺《はりまいぬでら》（『元亨釈書《げんこうしゃくしょ》』）建立《こんりゅう》に使用されたのかもしれない。

黒葛《くろかずら》の根っこからは葛餅《くずもち》の原料がとれる。

「異俗人三十許口在り《あだしひとみそたりばかりあ》」というのは、一般の人から見て、風俗の異なる三十人がいたということ。

湯町《ゆまち》の南には「シジミ」が採れていた古川があった。これは湯川が日和と宮野の境付近では現・小田原川より西寄りを流れていたことを示している。

○カラドチ（カナドチ）の「矢の根石」

この付近に「カナドチ」（「カラドチ」とも呼ぶ）という所がある。カナドチのカナは金《かね》で鉄のことをさしているのだろう。カラドチのカラは韓《から》及び唐《から》で、朝鮮半島を経由し入朝した韓人《からびと》であるとも言えるが、ここは帰化人（韓《から》、唐国《からこく》の異民族）ではなく、日本人で風俗の異なった蝦夷《えみし》の意。

このカナドチで石器時代に使用したと思われる「矢《や》の根石《ねいし》」が正城章雄氏によって発見された。

旧大河内町の昔話に「明治三十三年頃カラドチで「矢の根石」を三個拾った、さらにまだある」と書いている。

旧石器時代の打製石器から、縄文時代には、仕上げに砥石で磨いて表面を滑らかにした磨製石器に進化した。

黒曜石（星屎《ほしくそ》）は古代の刃物という。片岩を木の先に付けたクワ、石斧、稲穂を刈り取る石包丁（丸くて薄い石に二つの穴を開け、紐を通し指をかける）、魚の腹を切るナイフ形石器などを造った。

『播磨国風土記』に「異俗人三十人ばかりが湯川に住んでいた」とある。この日和のカラドチに風習の異なる人が住んでいたのだろう。カラドチと現・小田原川（古名「湯川」）をはさんで東側の山裾《やますそ》に、無縁仏《むえんぼとけ》が三、四体あったが、川に流されてしまって今はない。

カナドチと呼ぶいわれがもう一点ある。

昔、伊賀国は伊勢国から分立したが、その際すぐには国名がなくて「カラクニ」と呼んでいた。カラクニとは「むなしい（無）国」という意。

カラドチも「無くなった土地、空になった土地」なのだろうか。

カラドチの元は昔の小田原川がもっと西を流れていて、今の向山が川の方へせり出していて、里山になっていた。この里山にあったカラドチが流されて無くなったのでカラ（無）土地なのか。

蝦夷が住んで居ただろうから、「矢の根石」だけでなく生活道具が流されてしまったのか、川底に今も残っているかもしれない。

これよりさらに東の山中にお稲荷《いなり》さん、日和庚申《こうしん》堂がある。また、日和神社があった。山麓から鹿、猪、兎《うさぎ》、雉《きじ》など鳥獣を追い出し、湯川の平地で猟をしていたのだろう。今もカナドチの東の山には獣道《けものみち》が川に向かって何か所も通っている。

川ではドジョウ、ウグイ、ニジマス、（シロハエ・ハイジャコ　地方名）オイカワ、（アカイモツ　地方名）カワムツ、イトモロコ、ウナギ、ニラ、サンショウウオ、（ミコンチョ　地方名）アカザ、（バタンコ　地方名）ドンコ、（チチンコ・テッチンコ　地方名）カワヨシノボリ、アマゴ、イワナ、アユ、（スナホリ　地方名）クチボソ、（ハナクサレ地方名）ムギツク、カジカ等がいた。

鳥はカワセミ、カラス、ヒヨドリ、ヤマドリ、ウグイス、ヒガラ、トビ、フクロウ、少なくなったスズメ、ツバメ、時々見る国鳥のキジが居る。

なお、鷹狩に使うタカ科のイヌワシは町内にいなくなったようだが、鷹など鳥類は恐竜の子孫だという。

・大川内村・湯川村の異俗人《あだしひと》

○大川内。大きに因って名と為す。檜、杉生ふ。又、異俗人、三十許口有り。

○湯川　昔、湯、此の川出でき。故、湯川といふ。檜、杉、黒葛生ふ。又、異俗人、三十許口在り。

『日本書紀』（景行《けいこう》四十年、西暦一一〇～）巻七によると、東国のエミシが朝廷に帰順しようとしないので、日本 武 尊《やまとたけるのみこと》（大歳神のことで『日本書紀』は景行天皇の息子・小碓皇子としているが創作されたもの）を派遣した。

尊は駿河《するが》、相模《さがみ》を経て常総から海路陸奥国《むつのくに》に入り、エミシを平らげた後、日高見国《ひたかみのくに》（エミシの居住する地方。「東北の日の出の国」という意味）から常陸《ひたち》を経て甲斐国《かいのくに》に至る。のち武彦を越国《えつこく》に派遣して監察させ、尊《みこと》自らは信濃国《しなののくに》に侵入、美濃《みの》に出て武彦と遭遇。尾張《おわり》を経て伊勢に入り、朝廷に帰属したエミシを伊勢神宮に献《たてまつ》る。

景行五十一年（西暦一二一）、伊勢神宮のエミシを三輪山（三諸山。現・奈良県）に移した。

『古代蝦夷《えみし》とアイヌ』（金田一京助著）によると、蝦夷とアイヌの相違、本州にいたアイヌが蝦夷（エミシ）で、北海道に残った蝦夷（エゾ）がアイヌであった。エミシもエゾも同じアイヌであって、名称が違うのは地域による差である。

逆に、辺境に住んでいた大和民族（縄文人）はエミシと呼んだ。これは文化的、政治的（天皇に従わない）特徴による分類で、両者に人種民族の差はない。

遺伝子分析によると、大和民族（縄文人）はモンゴロイド（黄色人種）であって、アイヌも同じモンゴロイドである。

エミシがあまり騒ぐので、畿外《きがい》の播磨・讃岐《さぬき》・伊予・安芸《あき》・阿波《あわ》の五か国に移した。『風土記』によると、播磨には多くのエミシが移されたようで、そんな中、八千種《やちぐさ》には一〇〇〇人、神前郡聖岡里大川内村、湯川村にそれぞれ異俗人三十人、計六十人が配された。捕らえられたエミシを「俘囚《ふしゅう》」という。律令国家としては、各地に居住させた俘囚の生活保障として俘囚料が用意された。播磨国は俘囚料が五万束《たば》以上で全国で五番目に多く、加古郡、賀毛郡、美嚢《みのう》郡に夷俘郷《えみしごう》が設けられ、エミシの懐柔に努めていた。なお、夷俘郷から離れて、租税を負担していたエミシの後裔《こうえい》もいた。

湯川村のカラドチ（カナドチ）にあった「矢の根石」を使って佐伯部《さえきべ》が狩猟、漁労をし、三又《みつまた》の木を湯川に浸して樹皮をとり、繊維にして身にまとったのだろう。

『新撰姓氏録《しんせんしょうじろく》』には、応神天皇（西暦四〇〇～四五〇）が国境を定めるために神崎郡瓦村に巡行されたとき、川に青菜が流れてきたので随行されていた景行天皇の皇子阿良都《あらつの》命《みこと》（伊許自別《いこじわけ》）が川上を調べたところ、日本武尊の捕らえたエミシの子孫がいることを発見し、応神天皇が「君としてこれ（佐伯）を治むべし」と言ってその支配を命ぜられ、「播磨別佐伯直《はりまわけさえきのあたい》」の氏を賜った（庚午《かのえうま》の年に「佐伯直」となる）という。

佐伯氏は佐伯部の伴造《とものみやつこ》氏族であったことに基づく。「さへきべ」は「さへき」（塞城）だとする。

佐伯部は大和朝廷に帰属したエミシをもって編成され、軍事的任務に就き、宮門警衛に当たる役務を負う部《べ》であった。

佐伯直は地方豪族で国造族《くにのみやつこぞく》を形成した。播磨・讃岐・伊予・安芸・阿波などに散遣《ちけん》された。佐伯部を統率して中央に上申していた。

佐伯直を中央で管掌したのが佐伯連《さえきのむらじ》であった。

大川内・湯川村の異俗人六十人を管理したのが大中臣長麿《おおなかおみおさまろ》だろう。

『風土記』の神前郡多駝里《ただのさと》には、「佐伯部等の始祖・阿我乃古《あがのこ》」とある。

河内国と山城国の佐伯直は国造族《くにのみやつこぞく》の流れである。

歴史上の人物では、稲作を進めた佐伯直諸成。

讃岐の国造家から、仏教界の空海・肉弟真雅《しんが》僧正が出ている。

佐伯直氏は当『風土記』成立のはるか以前から金属資源の開発にあたり、播磨と九州の筑紫《ちくし》、肥前《ひぜん》を結ぶ重要な役割を果たしていた。なお、同族である吉備氏《きびうじ》と行動を共にしていた。

直《あたい》の職掌は「天皇に代わって地を治める」とある。古代豪族が地位を示すため世襲した称号で、造《みやつこ》、臣《おみ》、連《むらじ》、君《きみ》、直《あたい》、首《おびと》、別《わけ》等数十種ある。

部《べ》は朝廷や豪族らに従事した生産集団や職能集団である。

佐伯部は狩猟を特技とする部民で、倭王権下で軍事力として、政策的に配置された。

蝦夷《えみし》は、木炭製造、道路、水路等の土木工事をするとともに、土質から製鉄関係役（山役、かな役、川役）にも従事し、鉱山開発等が急務であったので労働力の補給のためでもあった。

アイヌを「先住民族」と明記した「アイヌ新法」が令和元年（二〇一九）四月十九日成立した。

このカナドチの南西に隣接して立岩《たていわ》神社がある。

・立岩神社

神河町《かみかわちょう》宮野《みやの》岩ノ下に立岩神社（祭神・大物主神《おおものぬしのかみ》）がある。元あった場所は、立岩嶽《たていわだけ》（高さ二〇〇メートル、幅一〇〇メートル、奥行き十メートル）の東北寄り、巨岩の窪《くぼ》んだ岩盤上の神社蹟に立岩大明神《たていわだいみょうじん》の磐座《いわくら》があった。この場所から鰐口《わにぐち》、脇差《わきざし》が発見された。

延喜《えんぎ》元年（九〇一）に伊和大明神《いわだいみょうじん》　祭神・大己貴尊《おおなむちのみこと》（大物主命《おおものぬしのみこと》ともいう）の分霊を勧請し、併せ奉祀《ほうし》した。

千早ふる　立岩山乃　神垣に　岩をも漏るる　平手の音
大神を　いつきまつらむ　此の岩に　守り給へと　祈り里人

詠み人知れず

奉納　令和元年（二〇一九）五月吉日　　揮毫者《きごうしゃ》　氏子　日和貞憲

立岩嶽が磐座山《いわくらやま》で、中腹に磐《いわ》の山上社殿がある。今この場所には神変大菩薩《しんぺんだいぼさつ》がお祀《まつ》りされている。

大神《おおみわ》は奈良三輪山の大神《おおみわ》神社と同じ大神であって、大物主神のことである。

この磐座《いわくら》を踏襲して、平地の岩ノ下に社殿が創建された。

立岩神社摂社《せっしゃ》に岩崎稲荷《いわさきいなり》神社「祭神・宇迦之魂神《うかのみたまのかみ》（大年神《おおとしがみ》の弟）」がある。また「小《こ》宮《みや》（子宮）さん」（詳細は後述する）と呼ばれている松尾神社（祭神・大山咋神《おおやまくいのかみ》）がある。

建石敷命《たけいわしきのみこと》（伊和大神《いわのおおかみ》の子《みこ》）がこの立岩嶽を通り神前山《かむさきやま》（神崎郡福崎町）へ行幸《ぎょうこう》されたのだろう。

立岩神社は宮野、小田原（日和・本村・石田、横瀬）地区が現在の氏子《うじこ》になっている。

先述したように、立岩神社の元は、立岩嶽（ローソク岩）東北の中腹よりやや上の巨岩の窪んだ平地に「堂屋敷」という宮がある。これが社殿の旧跡である。

跡地に現在は役行者《えんのぎょうじゃ》の石造物「神変大菩薩」がお祀りされている。

立岩嶽（ローソク岩）の中腹に岩をくり抜いて、真下は小田原川の水しか見えない絶壁で、恐怖を覚える通路（全身十メートル）がある。磐座《いわくら》への通路としてだけでなく、ここに坐して小田原川を眼下に役行者が修行したのだろう。屏風の横駈（別名・蟻の門渡り）という。

延喜元年（九〇一）に宍粟市一宮の伊和神社の祭神・大己貴神《おおなむちのかみ》の分霊を勧請し、小社立岩神社（『播磨国内鎮守大小明神社記』）として奉祀した。

立岩神社の祭神は大物主神である。

古代人の太陽神は「アマ」から来るが、「アマ」は天《アマ》でなく海《アマ》から船に乗って来ると考えていた。大物主神は海から来たという。

天上から照らす天照《てんしょう》神ではなく、東の海中から興《おき》て朝日となって上昇する。夕方西に沈む夕日となって、海中へ寝に行く太陽、または死んでいく太陽となる。翌朝は興《おき》て、または再生して朝日となって昇る。

立岩嶽

古代人は朝日・夕日信仰であった。

播磨日和でも、東の日和山から昇る朝日、立岩嶽の西の山に沈む夕日を奉じたのだろう。日和集落からは、立岩嶽の立岩神社跡地（現・神変大菩薩）が南西（裏鬼門）方向にあって、真正面になる。

立岩嶽から山麓の現在地（神河町宮野岩ノ下）に遷座《せんざ》し、寛永十六年（一六三九）に寳《ほう》殿《でん》を建立した。享保《きょうほう》五年（一七二〇）六月二十六日に福本藩主・松平喜以公がさらに寳殿を新たに建立し、文化四年（一八〇七）四月に拝殿を再建。嘉永《かえい》元年（一八四八）九月十日に福本藩主松平喜通公二十一歳の時、奉行《ぶぎょう》の能勢八平太、高松弥久郎（文化元年用人役・嘉永五年奉行）が立岩大明神・内陣を再建した。

明治七年（一八七四）二月、村社に列せられる。大正八年（一九一九）現在の本殿を改築、また幣殿《へいでん》を新築した。

立岩神社本殿

神明造《しんめいづく》りで切妻《きりづま》、平入《ひらい》りの高床《たかゆか》づくり。屋根の両端《りょうはし》に千木《ちぎ》が突き出る。千木は内削《うちそ》ぎ（水平切《すいへいぎ》り）と外削《そとそ》ぎ（垂直切《すいちょくぎ》り）があって、内削ぎになっている。祭神は男神の大物主神であるから外削ぎであるべきものが、内削ぎに間違えたようだ。棟《むね》に五本の鰹木《かつおぎ》が並べてある。

拝殿が本殿に屋根伝いに取り付けてある。

本殿の外周りには瑞垣《みずがき》、内玉垣《うちたまがき》がめぐらされている。

狛犬《こまいぬ》は魔除《まよ》けの霊獣《れいじゅう》で、一方が口を開けた獅子、他方が口を閉じた伝統の麒麟《きりん》であって、「阿吽《あうん》」である。「阿《あ》」は世界の始まり、「吽《うん》」は終わりを表す。

最澄と空海が同じ刻《とき》を過ごしたのが最高の阿吽の呼吸だったのだろう。

旧鳥居は本殿の正面（西方向）にあったが、北に移転した。両柱の前後に副柱を取り付けた両部鳥居《りょうぶとりい》になっている。

手水舎《ちょうずしゃ》・一部古い方の手水鉢《ちょうずはち》は「天明丁未四月建《てんめいていび》」（天明七年・一七八七）で貴重である。

宝物及び貴重品

脇差《わきざし》：寛正《かんしょう》三年（一四六二）八月吉日尾州長船則光《びしゅうおさふねのりみつ》

鰐口《わにぐち》（大）：寛保《かんぽ》元年（一七四一）四月

神紋：梅鉢、おも鷹、五枚笹で、本殿の峰につけられている。

伝説によると、昔、湯川の里に仲の良い三人の兄弟が住んでいた。

ある日、一の宮の伊和大明神が三人の夢枕に立たれ、神のお告げがあったことから、許しを得て祭神・大己貴命《おおなむちのみこと》を迎えて、立岩嶽《たていわだけ》中腹に祠《ほこら》を建て、立岩明神として祀るようになったという。

立岩家にはそれぞれ家紋として引き継いでおられる。

毎年十月の秋祭りには屋台、奉納相撲、餅まきが行われる。

平成九年（一九九七）九月二十七日、日和屋台修理のため梵天《ぼんてん》（幣《へい》束《そく》）と幕を持って当てもなく網干方面へ行った。幸い梵天シャチの原型が竹内錺金具店にあった。快くメッキをしてもらった。幕は修理に値しないということだったので青年会が手作りで直した。

日和屋台

高欄を新調した。全国でただ一人の「うっとり彫り」竹内錺彫師による。

秋祭り屋台担ぎ歌　「祇園囃子《ぎおんばやし》」立岩神社

1　ここは播州　舞子が浜よ　向こうに　見えるは　淡路島。
2　吉田通れば　二階から招く、しかも　鹿の子の　振り袖で。
3　坂は　照る照る　鈴鹿は曇る、あいの　土山雨が降る。
4　伊勢は津で持つ　津は伊勢で持つ、尾張　名古屋は　城で持つ。
5　東傾く　姫路の城は、花のお江戸が　恋しかろ。
6　目出度　目出度の　若松様よ、枝も　栄えて　葉も　しげる。
7　日和日が照る　小田原曇る、石田横瀬は　雨が降る。

【さーらば】
さーらば　さーらば　笹の葉　よー来た　世の葉　まーた来い　松の葉

他地域の秋祭り屋台担ぎ歌「祇園囃子」
1　東傾く　姫路の城よ、花の　お江戸を　恋しさに。
2　坊さん　山道　破れた衣、行きし　戻りし気に　掛かる。
3　竹に　雀は　品よく　止まる、止めて　止まらぬ　色の道。

4　お前百まで　わしゃ九十九まで、共に　白髪の　生えるまで。
5　二度と行こまい、丹波の宮津、縞《しま》の財布が　空になる。
6　こんの　屋形は　目出度い屋形、鶴が御門に　巣を掛ける。
7　こんの　裏には　ミョウガとフキよ、ミョウガ目出度い　フキ繁盛。
8　娘　島田　蝶々がとまる、とまるはずだよ　花じゃもの。
9　恋で　身を焼く　八百屋のお七、飛んで　火にいる　夏の虫。
10　待てど　暮らせど　便りが遅い、思い切れとの　知らせかな。

他地域の【さーらば】
さーらば　さーらば　笹の葉　よー来た　世の葉　まーた来い　松の葉。
アオなら　シオなら　シオ出て来い、ダンゴの花なら　転んで来い。

相撲はアマテラスが天の国から降りてくる先陣の大将タケミカヅチが出雲の海岸に降り立ち、オオクニヌシに国を譲れと迫った。オオクニヌシは了承したが、タケミカヅキは反抗し、力比べを仕掛けた。この力比べが相撲の起源とされる。
力比べはタケミカヅキが負けて、出雲から信州諏訪神社へ敗走した。

立岩神社の摂社

岩崎稲荷神社：祭神・宇迦之御魂神《うかのみたまのかみ》
松尾神社：祭神・大山咋神《おおやまくいのかみ》

通称「こみやさん」を松尾神社としている。

「こみや」は小宮、子宮、古宮、故宮そして若宮もあるのではないか。

播磨国神東郡・神西郡神社明細帳の立岩神社内には、稲荷社はあるも「こみやさん」はない。

「こみやさん」は何神さんになるのかを『兵庫県神社誌』で見る。

『兵庫県神社誌』は、明治四十三年（一九一〇）六月に兵庫県下の神社誌を編纂する企画がされた。大正十年（一九二一）に大半の編纂ができたので、内務省神社局に校閲《こうえつ》を受けるため送付した。

しかるに、大正十二年（一九二三）九月一日、関東大震災で神社誌原稿がなくなった。

昭和二年（一九二七）十一月、二回目の編纂には無格社も含めて編纂することとなった。

『兵庫県神社誌』は、昭和十一年（一九三六）四月現在の兵庫県内の神社内容を記したものので、昭和十二年（一九三七）三月に完成した。

その内容は各神社提出の神社調書、あるいは現状等と合わないものはこれを註書《ちゅうが》きする。○印を加えた箇所は編者の註である。合祀神は神名の上に※を加えて主祭神との判別をする。

『兵庫県神社誌』（昭和十一年四月現在）によると、「立岩神社境内社は松尾神社（大山《おおやま》祇神《つみのかみ》）○調書による」と書いてあって、現状と合わないとしている。※は付していない。「こみやさん」の神社名と祭神名が合わない。すなわち、松尾神社であるなら、お札《ふだ》をもらったのは、松尾大社（京都市西京区嵐山宮町三）で、祭神は大山咋神である。

一方、大山祇神《おおやまつみのかみ》であるなら、お札をもらったのは、大山祇神社（愛媛県今治市大三島町宮浦三三二七）の祭神・大山積神（大山祇神と同じ）からとなって、大山祇神社となる。

（一）松尾神社として提出された神社調書を推考する。

『古事記』に「大山咋神またの名は山末大主神、此の神は近淡海国の日枝山に坐《ざ》し、また葛野《かどの》の松尾に坐す鳴かぶらを用ふる神なり」とあり、山の上部（末）に鎮座されて、山及び山麓一帯を支配される（大主）神であり、近江国《おうみのくに》の比叡山《ひえいざん》と松尾山を支配される神であると伝える。

このように比叡山（日枝山・日吉大神・日吉神社）と松尾山（松尾大社・松尾大神）を支配している神が大山咋神《おおやまくいのかみ》である。

ここで比叡山日吉大社の大山咋神と大物主神との関係を参照する。

日吉大社は大山咋神を祀る全国の日枝（日吉・ひえと呼ぶ）神社の総本山である。『古事記』にあるとおり、日吉大社の東本宮の祭神は大山咋神である。西本宮の祭神・大己貴神については近江京遷都の翌年、天智《てんじ》七年（六六八）、三輪山の大神《おおみわ》神社の大物主神が勧進されたという。以後もともとの神である大山咋神よりも大物主神の方が上位とみなされるようになり、「大宮」と呼ばれた。このことから大山咋神は「小宮」と呼ばれるようになったのだろう。

なお、大物主神は「大比叡」、大山咋神は「小比叡」とも呼ぶようになった。よって、立岩神社本殿の大物主神は「大宮さん」で、「こみやさん」は松尾神社祭神・大山咋神で「小宮、子宮（大物主神の子が大山咋神である）さん」となる。

（二）祭神は大山祇神として提出された神社調書を推考する。
①平成十九年（二〇〇七）五月二十八日に宮野カンサク山の麓にある山野神社《やまのかみしゃ》の上《じょう》棟札《とうふだ》が、ブロック造りのお社《やしろ》の周りで発見された。昭和五十八年（一九八三）にブロック造りのお社に復元されており、以前の木造のお社は朽ちていたのか、移転してそのままにしていたのか、上棟札には、

山野神社《やまのかみしゃ》　鎮座地宮野字コゴト四六四番地　祭神・大山積神《おおやまつみのかみ》

辰十月　農業林業鉱業漁業商業の神（大山積神は山々に鎮まる霊という意味）

山野神　明治十四年　大工高朝田村　松本清蔵

上棟札　山野神社

播磨国神西郡宮野村

木びき當村　立岩辰蔵

村総代　立岩重大之、森肩蔵

と記されている。

辰十月は十干（甲乙丙…）の「庚」が略してあって、庚辰十月で明治十三年（一八八〇）のこと。その前の庚辰年は六十年前の文政三年（一八二〇）になる。

明治十三年（一八八〇）十月に大山祇神社（現在の祭神・大山祇神）の祭神・大山積大神の分霊を受けられ、翌年の明治十四年にお社を建立され上棟札を書かれたのだろう。

なお、この宮はもともとこの場所より北（宮野集落に近い所）にあったという。

現在お参りするのは、山の麓の山道を行くのは狭くて急こう配のため、宮の前の小田原川にそのつど、梯子《はしご》で長さ四メートルほどの簡易な橋をかけてお参りしている。

毎年十二月の御祭りには、相撲の奉納がされている。

大三島町の大山祇神社は、一人角力《ずもう》（行司役と力士役一人が神様と力くらべをする）で有名な神社である。宮野では十月の立岩神社、十二月の山野神社で年二回奉納相撲が行われる。

明治三十九年（一九〇六）十二月、神社合祀令《ごうしれい》が発布された。神社合祀令は「神社整理」ともいう。

複数の神社の祭神を一つの神社に合祀させるか、もしくは一つの神社の摂末社《せつまっしゃ》にまとめて遷座《せんざ》させ、その他の神社を廃することによって、神社の数を減らすというもの。主に明治四十三年（一九一〇）に行われた。

山野神社が明治十四年（一八八一）に建立され、お参りに不便だったこともあって、明治四十三年頃に立岩神社に合祀されたのではないだろうか。

宮の廃止、移転をした後、その場所が朽ちたようになっているので、再度その場所でお祀りをしているところはよくあること。

合祀されているのであれば、「こみやさん」は山野神社で祭神・大山積神になり、大物主神の先祖なので、「古宮、故宮さん」となる。

②他地域の神社について聞いてみると、一般的に「こみやさん」と呼んでいる宮は、「小宮さん」でなくて「古宮さん」だという。

立岩神社摂社が「古宮さん」であれば、本殿の大物主神の先祖である大山祇神を「古宮さん」と呼ぶことになり、大山祇神社（祭神・大山積神）になる。

つまり①②は同じ祭神になる。

（三）「我慢くらべ」の大汝命《おおなむちのみこと》は大国主神ではなく、大物主神（大年神・大己貴神と同じ）のことである。小比古尼命《すくなひこねのみこと》は、他の神社で祭神・小比古尼命を「小宮さん」と呼んでいるところがあり、立岩神社の「こみやさん」も「小宮さん」（小比古尼命・少《しょう》童命《どうのみこと》・子供のように小さい）ではないだろうか。

神様の世代順では（三）が一番古く、（二）が二番目、（一）が三番目となる。

これらは、『兵庫県神社誌』に提出された調書に「松尾神社　祭神・大山祇神」と誤って書いたことによるものである。大物主神の子の大山咋神をお祀りしているので「こみやさん」（子宮・小宮）になる。

立岩神社旧跡地の神変大菩薩

平安期に真言宗・天台宗が呪術性の濃い密教《みっきょう》に重きを置き、しかも山岳（自然）信仰を取り込み、山に入って密教の呪力《じゅりょく》を修練した。

密教者を験者《げんじゃ》と呼び、呪術の験力《げんりき》を強める修行が修験《しゅげん》であった。

修験者の始祖は藤原時代の役小角《えんのおづの》であったことから、役行者《えんのぎょうじゃ》と呼ぶようになった。

始祖には神変大菩薩《しんぺんだいぼさつ》の称号が贈られた。

仏陀《ぶつだ》を対象とする仏教とは別に修験道を確立し、蔵王権現《ざおうごんげん》、不動明王《ふどうみょうおう》などを崇拝した。

前述のとおり、立岩神社旧跡地に置いた神変大菩薩から峰伝いに日和山に出る。日和山の南側のえんま坊跡、えんま坊跡から真言宗最明寺《さいみょうじ》に下って行く道すがらに寺前大瀬の役行者

立岩嶽・立岩神社旧跡地（祠)。現在は役行者の神変大菩薩

（大瀬の滝）、寺前大瀬の不動明王がお祀りされている。

修験宗《しゅげんしゅう》は明治五年（一八七二）九月、太政官布達《だじょうかんふたつ》をもって廃止された。修験宗は宗教法制上は公認されていなかったが、現在は公認されている。

修験者は山に入り（山岳信仰）、自然と対話し（神道《しんとう》）、山中を延々と巡り、火の上を歩き、滝に打たれ、煙にいぶされながら心身共に極限まで追い込み修練苦行《くぎょう》することで、悟《さと》りをひらく（仏教）のを目指す。

だが実質の目的とするところは、不老長寿薬と信ずる金、銀、水銀などの発見にあるのではないか。修験道信仰者たちの行動は、鉱脈発見という意識が強く働いていたのだろう。信仰とともに生きがいを体得する手段であるからである。

修験道の道場ともいうべき院には、青面金剛像《しょうめんこんごうぞう》が祀ってあるところもある。

日和山西面の麓（日和集落）にある日和庚申堂から、立岩嶽の神変大菩薩は対面状態の位置にあって、青面金剛と神変大菩薩が同時参拝できる。日和庚申堂も修験道場となっていて、小田原川流域の住民に説法されていたのだろう。

近い鉱脈としては、宮野地区の「やえんだま」と呼ばれる所、南小田穴田《あなだ》という地名の穴、大河の日和神社があった才谷《さいたに》と呼ばれる所がある。「才」「穴」は鉱石が採れる所につく名称である。

なお、修験者は武家の社会に大きく影響した。平野に住む野武士《のぶし》に対して、山に住む武士、すなわち山伏《やまぶし》となった。

また、忍者発祥のひとつだろう。諜報《ちょうほう》活動、暗殺活動に応用された。

○『記紀』による少名毘古那神・大年神・阿遅志貴高日子根神・大物主神

神産巣日神《かみむすびのかみ》が、「我が子少名毘古那神《すくなひこなのかみ》は私の指の間からくぐり抜けていった子で、大穴牟遅《おおあなむち》と少名毘古那神の二柱の神が兄弟となって国を作り治めるだろう」と言った。少名毘古那神の正体を明かしたのは、天下のことを何でも知っている久延毘古神《くえんびこのかみ》で、案山子《かかし》である。

『古事記』上巻天照大御神と須佐之男命。［六八］須賀宮、同上巻大国主神。［六一］大年神の系譜の項によると、十二世代・須佐之男神の子が十三世代・大年神で、以下大年神の系譜がある。

一方、須佐之男神以下二つ目の系譜があって、十八世代・大物主神、その子十九世代・阿遅志貴高日子根神《あじすきたかひこねのかみ》とある。

しかし、正しくは『播磨国風土記』による大歳神の御子神で、十四世代・阿遅志貴高日子根神である。

『日本書紀』では味耜高彦根神《あじすきたかひこねのかみ》は立派な鉏《すき》（鋤）の高く輝く男性で、実体は雷神、耜《すき》は農具であり刀剣である。建御雷之男神《たけみかづちのおのかみ》という。『土佐国風土記』に味鉏高日子根尊《あじすきたかひこねのみこと》が見える。

『日本書紀』によると、大物主神は大和一国を治めていた。

大物主神は偉大な魔物の主、すなわち八百万神《やおよろずのかみ》の首領であるという。

三輪山の神・大物主神が神明倭迹迹日百襲姫命《かみやまとととびももそひめのみこと》にのりうつって、自分（大物主神）を祭るようお告げを伝えた。

大物主神を祭る神主に大田田根子《おおたたねこ》がなった。『古事記』によると大物主神から数えて五代目・意富多々泥子命《おほたたねこのみこと》という。

一方、倭大国御魂神《やまとのおおくにみたまのかみ》を祭る神主は市磯長尾市《いちしのながおち》になった。神託どおり大物主神と倭大国御魂神を祭ると疫病は終息し、大神神社《おおみわ》で祝宴がなされた。

三輪山伝説では、母・玉依毘売命《たまよりびめのみこと》と大物主神の子が櫛御方命《くしみかたのみこと》という。

また、大神神社《おおがみ》（岡山市）に大物主神の末裔《まつえい》・大神朝臣《あそん》が大物主神を祀っている。

ということだが、当時（紀元前三～四世紀頃）大和国をはじめ広く東国をも治めていたのは大歳神であって、大物主神とは実は大歳神のことである。

○『播磨国風土記』の神様

『風土記』に「玉依比売命《たまよりびめのみこと》在《いま》す」は、猿田彦神の娘《むすめ》である。

少名彦根命③（以下○の中の数字は世代番号）は天の下のことをよく知っている神。

『風土記』に「大汝《おほなむち》少日子根命《すくなひこねのみこと》、日女道丘神《ひめじおかのかみ》と会《あ》はむ」とあって、大物主神が姫路長《ひめじおさ》壁《かべ》神社の祭神に逢《あ》った。少童命は、神の名を持たない。

大山祇神⑪は大歳神の祖父で海人族、船の神である。

素戔嗚尊《すさのおのみこと》⑫は紀元前一四〇年誕生し、紀元前一一〇年頃、大蛇《おろち》退治などの活躍をされた。スサノオ尊はイザナミ命の子ではない。スサノオ尊は実在し、安曇族と中国徐福が関係しているようだ。

紀元前六五～五五年頃、大歳神⑬が活躍された。

「伊勢の社《やしろ》。名は大歳御祖命《おおとしみおやのみこと》」

伊勢田は伊勢神宮に祀るものをつくった地。御歳神を祖神（父）とし、御年神を御子としている。大歳神がスサノオ神（御祖）を祀った。大歳神が大和王権の初代王となる。

伊勢国の大年神神社が神武《じんむ》天皇によって追い払われたというはずがない。

現・京都駅の南は大歳神が住んだ。

「方《まさ》に難波《なんば》の碕《みさき》に到《いた》るときに、奔潮《はやなみ》有《あ》りて太《はなは》だ急《はや》きに会《あ》ふ」

難波の碕は現・新大阪駅辺り。この付近の淀川《よどがわ》を、紀元前七〇年頃にはすでに大歳神が渡っていた。このことを神武天皇に書き換えている。

「（神風の）海辺に……皆の者よ、シタダミのようにあの丘をはい回って、敵を撃ちのめしてしまおう」

これは大歳神以前のことで、猿田彦神が戦ったときのこと。

猿田彦神配下の大伴氏《おおともし》（当時権力の絶頂期）を神武天皇の配下にしたようだ。

神武天皇が葛城《かつらぎ》に大年神を案内されたとあるが、これは猿田彦神のこと。猿田彦神は鴨族・海人族で船をあやつる神で南国からやって来て、葛城の横穴に住んで水銀を採掘していた。また、外国との貿易を行っていた。

ペルシャ湾に面した西南の海岸で真珠貝を採って、真珠に穴を開け、糸を通し、装飾《そうしょく》品《ひん》にしていたのが猿田彦神を崇拝《すうはい》する一族の猿田彦族である。

真珠貝が採れなくなったので、今から六〇〇〇年前、猿田彦族はペルシャ湾からアラビア海に出て、インダス文明で栄えたインダス川、ガンジス川を上って行った。

インダス川で採れたタカラ貝をも加工し、装飾品、貨幣《かへい》とした。ビンドウークシァ山脈を経て、ヒマラヤ山脈に出た。

ヒマラヤ山脈南麓《なんろく》では黄・橙《だいだい》色のメノウを採り、これを熱して赤色メノウに細工《さいく》し、鉄がないのに糸を通す穴を開けた。細い穴に絹糸《きぬいと》を通した。「マイクロ・ビーズ」である。ヒマラヤ山脈から中国雲南省《うんなんしょう》に出、揚子江流域、台湾を経て、太平洋の黒潮《くろしお》に乗り、一部は対馬海流に乗って、現松江市鹿島町（佐田神社）に着き、また一部は沖縄に上陸した。

沖縄のシャコ貝を加工し、中国殷の貨幣とした。沖縄宮古島では先祖を迎える儀式があって、先導するみちびき神、サダル神《しん》（女性の修行者）がいた。猿田彦神は元サダル神で、先立って道案内する神で、土地の悪しき精霊《せいれい》を鎮《しず》める能力《のうりょく》を持っている。なお、猿田彦は中国徐国の徐福と知人であった。

沖縄はサンゴ礁《しょう》の土壌《どじょう》のためすぐには稲作はされなかった。

瀬戸内海から大阪湾の坂合《さかあい》に来た。猿田彦神と倭姫命《やまとひめみこと》が出会った所を坂合《さかあい》と呼び、坂合がつづまって堺《さかい》となった。そこは元伊勢へ抜ける街道《かいどう》すじであった。

大和川を上り大和へ来た。大和宇陀《やまとうだ》地区は土が赤いが、血ではなく水銀朱《すいぎんしゅ》であって、これを採取《さいしゅ》した。

猿田彦は貿易、貨幣、象形文字を知り、またメソポタミア文明についても知っていた。商売として仙丹（玉、金、水銀朱）を扱い、特に水銀朱は金の五倍もしていた。

一方で猿がシャコ貝に手をはさまれて、溺死《できし》するというインドネシア系の説話《せつわ》が南方から伝播《でんぱん》して伊勢志摩の海岸にたどり着く。猿の面《つら》をした先導神《せんどうかみ》が貝に手をはさまれて、死ぬという説話と、猿田彦が宇治土公《うじどこう》の祖先神とされた説話はここからきている。

地中海のベニス姫神はホタテ貝から誕生し、猿田彦神はシャコ貝から誕生《たんじょう》した。

猿田彦神は二見の浦の神石に立たれている。手に榊《さかき》を持ち、足の甲《こう》には草のようなものを巻《ま》いておられる。

猿田彦神は、伊勢の海人《あま》が信仰する太陽・日神であった。猿田彦族は尾張、伊勢の海人族で、特技は宝石、玉造りである。

猿田彦神を崇拝する鴨族《かもぞく》の中から修験者《しゅげんしゃ》が出ている。

又、猿田彦神は海人族《あまぞく》、船による移動《いどう》、輸送《ゆそう》を司《つかさど》る神であるので、古代日本の交通要所である山の分水嶺《ぶんすいれい》を確保《かくほ》した。

紀元前一〇〇〇年頃（縄文時代）から活躍していた猿田彦神は賀茂族の先輩《せんぱい》で、のちに少童《しょうどう》と集合《しゅうごう》した。

北のアラスカ、ロシアから来た民族、西の朝鮮半島、中国から来た民族と南の遠くサウジアラビア、インド北部、中国南部から稲作、銅、鉄、水銀、真珠、メノウの加工技術を持った民族による混血民族《こんけつみんぞく》によって、九州で邪馬台国《やまたいこく》が出来た。

邪馬台国は遠賀川流域にでき、のち筑後川流域に移し、卑弥呼の死後、遠賀川流域に戻った。邪馬台国は奈良ではなく北九州のようだ。

神武天皇は九州日向に生まれ、四十五歳の時、天下に君臨するにふさわしい国の中心地であって、三方海に面している大和に都を構えるため大軍を率いて日向を発した。瀬戸内を海路で進み、大阪難波に到着、生駒山を越えて大和に入ろうとしたが、土豪に遮られた。

皇軍は再び海に出て、紀伊半島を南に旋回し、熊野から上陸した。

上陸を果たしたが土地の神の毒気に当たり全軍倒れてしまった。この危機を救ったのが「韴魂《ふつのみたま》」と「八咫烏《やたがらす》」であった。

皇軍は大和の宇陀（水銀朱が採れていた）に出ることができ、その後、鴨族（大歳神）と縁結びし、畝傍山《うねびやま》の麓の橿原《かしはら》の藤原氏に入り婿し、初代天皇（神武天皇）に即位した。となっているが、これは天照大御神を五〇〇年前の素戔嗚神の姉にし、神武天皇以前としたトリックである。

素戔嗚神から二十世代目の娘と神武天皇が結婚されている。

紀元前六六〇年（六〇年を単位として逆算し、紀元前六六〇年即位とした）大和国を治めたのは、語り部伝承により神武天皇としたが、この主人公は猿田彦神である。主人公をすり替えた。

神武天皇が八咫烏の案内で宇陀を通って伊勢にはいったのは猿田彦神である。

猿田彦族が航海するときに陸の方向が分からなくなった時に陸を知るためにカラスを船に乗せていた。カラスは水が嫌いなので海面には降りないで陸をめがけて一気に八〇〇キロメートルほど飛んでいくという。また、カラスは魚を食べるので海で魚を取って食べさせる。また、腐った肉でも食べるので長期間飼うことが出来ることからカラスを古代の海の羅針盤のように使っていた。

陸での道案内はすぐに降りてしまって案内役にはならない。猿田彦族が南海回りで伊勢湾に入った船には乗せていただろう。

鳶もカラスに近い食性を持っていて、積極的に獲物を捕らえようとしなくて、動物の死骸を食べることが多い。

猿田彦神は、摂津、八尾、吉野川、紀の川を通った。

猿田彦神は陸路の途中先住民族の勢力である蝦夷を成敗し、伊勢二見の浦へ連れて行ったのである。

神武天皇より二六〇年前に猿田彦神が行った事を藤原氏の意向で神武天皇にさしかえている。

※紀元前九五〇年、稲作が揚子江流域から北九州に伝わる。
紀元前六六〇年、神武天皇が大和に稲作を採り入れる。
紀元前六五〇～六〇〇年、稲作が九州北部から近畿に広がる。

神武天皇が大和へ稲作を持ち込まれたというのは、まだ伝わっていない時のこととなる。また、神武天皇が播磨に十年おられたというのは逸話。神武天皇は一般に伝承上の天皇とみなされている。初代天皇から第九代天皇までは実在しないといわれる。

猿田彦神は伊勢の緩やかな山の斜面を開拓し伊勢湾の東南から昇る朝日を拝んでいた。紀元一世紀に猿田彦神が大歳神に会い、大歳神に権力を譲り、大歳神を天王とし、大歳神が祭事を行った。

猿田彦神が大歳神に権力を譲った理由は、猿田彦族が中東、インド、中国を経て日本に渡ってくる際、中国の国家権力が次々と滅びてゆくのを見て、自分達が生き延びて行くためには、権力者にならない方が良いと考えたからである。猿田彦族は「二十余万歳」もの長きにわたり国を領有していた。

猿田彦神から大歳神、その御子味鉏高彦根神《あじすきたかひこねがみ》、伊勢から来た大物主神に引き継がれた。

なお、猿田彦神の子孫が蘇我氏で、橿原の石川氏が守った。


猿田彦神と大歳神（鴨族《かもぞく》）は関係が深く、一緒に祀られている。

大歳神は韓国から島根県出雲に渡来して来た。出雲をはじめ全国に韓国伊大（太）氏神社がある。大歳神の別名を伊大氏という。同じ鴨族の猿田彦族と仲良くした。

播磨に進出し、兵庫県加西市の賀茂川（加古川支流）流域に都らしき所を造った。川名の賀茂川はここが発祥、次が奈良の賀茂川、三番目が京都賀茂川と名付けられた。

加西賀茂川の近くで姫路市山田町南山田一二〇（現・白鷺ゴルフクラブのレストラン付近）に鴨族の先祖をお祀りしてあった新次神社　祭神味鉏高彦根（大歳神の御子）があった。現在はその南の神南町御影の合坂に移転している。

鴨族は加西市賀茂川流域に十～二十年程いた。

加古川流域では、海神を祀る安曇族が宝石商として経世済民を担当、山神を祀る久米族が、祭祀と武装集団として軍事を担当して鴨国を支えた。

紀元前七〇年頃に淀川の現新大阪駅付近を渡って大和に入った。

鴨族（大歳神）は葛城にいた猿田彦族と会って猿田彦族の持つ権力を譲り受け紀元前六

五～五五年頃には大和を制し、大和王権の初代王として祭事を行った。

この頃、鴨族（大歳神）は近畿、中国、北陸、東北、東海、遠く関東をも制する活躍であった。

このように大歳神の活躍を後の神武天皇の活躍として伝えている所がある。

神武天皇の実働は大和王権の初代王で、実在の大歳神である。

伊勢に大歳神と娘伊勢都姫命《いせつひめ》を祀っている。

御歳神は木星の公転、自転一二年間を一周期とすることから十二干支をあてて、その年を表した。太陽ではない。

大歳神の元の神名は御歳という文字である。大歳神の死は紀元前五三年である。

御年神は御歳神の御子であって、年は五穀、特に稲の実の意で、殖産興業の守護神で在る。酒造りの神でもある。

播磨には七〇〇柱程の大歳神社または大年神社があって、今なお地域の産土神として、綺麗に祀られている。

第十代崇神天皇の時、クーデターにより大和から鴨族が追放された。

当『風土記』に「宗像大神《むなかたのおおかみ》、奥津嶋比売命《おきつしまひめのみこと》⑭が伊和大神《いわのおおかみ》の子《みこ》を妊《はら》みて（懐妊して）」

とあって、伊和大神と宗像大神である奥津嶋比売命との御子・阿遅須伎高比古尼神《あじすきたかひこねかみ》⑲（葛城大神《かつらぎのおおかみ》・迦毛大御神《かものおおみかみ》）がある。葛城大神（大和）を信仰する集団があった。

阿遅須伎《あじすき》は、美しい農具で開墾することを表している。須伎《すき》は鉏《すき》のことで、鉄製農具の鋤《すき》のことである。阿遅須伎高比古尼神は大国主神の子ではない。

「大物主葦原志許《おおものぬしあしはらしこ》、国堅《くにかた》めまし」とあって、葦原志許《あしはらしこ》は大物主神、伊和大神と同一である。葦原志許男神《あしはらしこおのかみ》と大汝命《おおなむちのみこと》は異名同神で、共に大物主神である。

すでに書いたとおり、伊和大神の祭神・大己貴神は大物主神である。

「大和なす大物主……。大和なす少御神《すくなみかみ》……」と記紀歌謡にある。

大和を大物主と少御神が治めたという。

神社志料に天照御魂神は天照国照彦天火明櫛玉饒速日尊《くしたまにぎはやひ》とある。天照櫛玉神、すなわち天照御魂神で実体はなく、実際に活躍したのは記紀上では饒速日尊だった。

この饒速日尊（十三世代）は大物主神のことであり、大物主神の実働は風土記上から大歳神（十三世代）がされたことである。

少御神すなわち少彦根神は猿田彦族のことである。

『播磨国風土記』によると、大歳神は葦原志挙乎命、葦原醜男命、大物主神、伊和大神のことになり、弟に宇迦之御魂神、子に建石敷命、妃宗像三神の奥津嶋比売との子・阿遅須伎高比古尼命（葛城大神・迦毛大御神）がある。

大山咋神⑭（山末之大主神）は大歳神の子。

『播磨国風土記』に大歳神《おおとしのかみ》は一度も現れないが、大歳神は出雲系の鴨族で出雲から播磨に来て播磨全域を開発し、現・加西市の賀茂川《かもがわ》を拠点にして、播磨国を支配していた。

播磨国では大歳神《おおとしがみ》をお祀りする神社が多数あって、大半が無神官ながら今もきれいに掃除されて、民衆に崇《あが》められている。大年《おおとし》（歳）神社は市川、加古川《かこがわ》流域に今二七〇社ある。

のちに倭《やまと》に進出し、倭を統治しているところへ同じく出雲系の大国主命がやって来たので、大歳神は大国主命に国を譲り播磨国に里帰りした。また出雲へも引き揚げた。

天日槍神《あめのひぼこのかみ》は新羅《しらぎ》の天日槍王子のことで、応神天皇の祖先神である。

天日桙神（出雲国造の祖先神）を奉斎《ほうさい》する集団もいた。

伊和大神と天日槍命は、土地の支配、特に鉱物資源をめぐってたびたび戦いをしているが、天日槍神を崇拝する氏族の分派が播磨にあって勢力を拡大していった。

後述する福本遺跡は、応神天皇の祖先神である天日槍神崇拝者の開発によるものである。

天日槍命は、外来の新しい製鉄技術の韓鍛冶《かんかじ》であって、新羅の天日槍王子で新渡来神である。

出雲大神《いずもおおかみ》（出雲御蔭大神《いずもみかげおおかみ》、大国主命）と伊和大神（大歳神・大物主神）は、強く対立することはなかった。

西暦一～二〇〇年頃、**大国主命**⑱が活躍された。『古事記』によると、大国主命は大穴牟遅神・葦原色許男神・八千矛神《やちほこのかみ》・宇都志国玉神《うつしくにたまのかみ》となっているが、大穴牟遅神・葦原色許男神は『播磨国風土記』では大国主神ではない。

『古事記』では大物主神の娘が神武天皇の妃になっているが、大物主神の先祖が見当たらない。大国主神が自らの魂を大物主大神の名で三輪山に鎮《しず》めたと『記紀』（『古事記』・『日本書紀』）に記されている。

『播磨国風土記』からすると、大汝命は大国主命ではなく大物主神（大歳神）のことである。

当『風土記』によると、『古事記』『日本書紀』の神統譜《しんとうふ》とは異なる神統譜である。律令国家は村独自に祀っていた神様を、『記紀』に登場する神様の系図に組み込んだようだ。

『播磨国風土記』には大歳神という神名は出てこないが、当『風土記』に出てくる神々の続き柄、播磨をはじめ大和等の国土開発の経過、内容及び大歳神が氏子によって長年崇拝されていることから、大物主神は大年神（大歳神）のことで、大歳神が実際の事業をされたのを大国主神がされたことにしたものだ。

小比古尼命は三世代の少名彦根命と十三世代の大歳神、十八世代の大国主命は年代が離れすぎである。小比古尼命は神の名がない、命《めい》を受けた命《みこと》である少童命《しょうどうのみこと》だろう。

西暦二〇〇〜二五〇年　初代神武天皇㉝は鴨族トップで奈良の藤原氏に婿入りし大和《やまと》大王となる。神武天皇妃《じんむてんのうひ》の富登多多良須須岐比売命《ほとたたらすすきひめのみこと》は三輪《みわ》の大物主神の娘である。富登多多良《ほとたたら》は、たたら製鉄を表す。鉄工用語の火《ひ》床《どこ》のこと。

西暦三〇〇〜三五〇年　第九代開化天皇は鴨族トップ。崇神《すじん》天皇期にクーデターにより、鴨族は追放される。

西暦三五〇〜四〇〇年　第十二代景行天皇の双子の御子の兄・大碓皇子《おおうすのみこ》、弟・小碓皇子《おうすのみこ》（日本武尊《やまとたけるのみこと》）・成務天皇。

西暦四〇〇〜四五〇年　第十五代応神天皇（品太和気命）・第十六代仁徳天皇在位。吉備《きび》（備前和気郡《びぜんわけぐん》）の和気氏《わけうじ》という集団がいた。吉備の豪族と播磨の佐伯《さえきの》直氏《あたいうじ》とは行動を共にしていた。

西暦四五〇〜五〇〇年　第二十一代雄略《ゆうりゃく》天皇在位・秦氏族が奉斎《ほうさい》していた。秦氏族《はたうじぞく》は、養蚕《ようさん》を起こし絹を作った。

西暦五〇〇〜五五〇年　二十三代顕宗《けんぞう》天皇（ヲケ）・二十四代仁賢《にんけん》天皇（オケ）弟のヲケが先に天皇になられた。両天皇は朝鮮の伽羅国王でもある。

第二十六代継体天皇在位

西暦五三八年　奈良桜井市の大和川上流初瀬川のほとりに仏教伝来之地碑がある。約一五〇〇年前百済の使者聖明王から欣明天王に釈迦太子像、仏具、経典などが贈られた。西暦五三八年を日本への仏教公伝とされている。天皇は異国の神をどう扱うか群臣に問うた。国際情勢に明るい蘇我大臣《おおおみ》稲目は受け入れを主張し、日本古来の神を祀る物部大連《おおむらじ》尾輿《おこし》は反対した。対立は子どもの代まで続き蘇我馬子が物部守屋《もりや》を攻め滅《ほろ》ぼした。

西暦五五〇〜六〇〇年　仏教は隆盛を極め、全国に寺院が造営された。

第三十三代推古天皇在位

西暦七〇七〜七一五年　第四十三代元明天皇在位、『播磨国風土記』完成

播磨に出てくる天皇は、播磨の国土を褒めており、征服者とはなっていない。播磨国は天皇に平定されていない。天皇家は播磨で人は殺していない。天皇家の祖先だからである。

大物主神（大歳神）の母方の子孫が天皇家である。倭《やまと》の原形は播磨にある。

大汝命《おおなむちのみこと》と小比古尼命《すくなひこねのみこと》は讃容郡《さよのごおり》讃容里《さよのさと》の鐵《まがね》（鉄）、宍禾郡《しそうのこおり》柏野里《かしはのさと》敷草村《しきくさのむら》の鐵《まがね》を経て、播磨国の拠点である現・宍粟市一宮伊和神社に寄り、揖保川《いぼがわ》の源流である宍禾郡《しさはのごおり》御方里金内《かたのさとかなうち》の鐵、宍粟市三方町《しそうしみかたちょう》の御形《みかた》神社（祭神・葦原志許男神《あしはらしこおのかみ》・大汝命）を経て千町峠《せんちょうとうげ》を越え、鐵《まがね》のある埴岡里《はにおかのさと》の最北端である現・朝来市《あさごし》生野町の段ヶ峰《だんがみね》を通り、生野町口銀谷（旧森垣村）字栃原口の大歳神社（祭神・大年神）に来られた。

大汝命こと大歳神と小比古尼命による神話が始まった。

参考

「延喜式《えんぎしき》」伊和坐大名持御魂神社

大名持御魂神＝大国主神

『古事記』

大国主神＝別名大穴牟遅神・葦原色許男神（武の神）・八千戈神・宇都志国玉神

『日本書紀』

大己貴神＝大物主神・葦原醜男神・国作大己貴神・八千戈神・大国玉神・顕国玉神

『播磨国風土記』逸文

丹生都比売《にうつひめ》命は水銀の神。丹生は水銀を指す。丹のつく地名の所には水銀がある。

○万葉集の大汝少彦名神

巻三・三五五

大汝少彦名のいましけむ志都の石室幾世経ぬらむ　（生石村主真人）

巻六・九六三

大汝少彦名の神こそは名づけ始めけめ名のみを名児山と負ひてわが恋の千里の一重も

慰めなくに

巻七・一二四七

大穴持少御神の作らしし　妹背の山を見らくしよしも

巻一八・四一〇六

大汝少彦名の神代より言ひ継ぎけらく父母を見れば尊く　妻子見れば愛しくめぐしうつせみの世の理とかく様に言ひけるものを（略）

大汝少彦名は大物主神・少彦名神のことである。

大己貴神は大国主神ではなく大物主神であって、大歳神のされた事業を大国主神がしたこととされている。

○大汝命と小比古尼命の我慢くらべ

—屎《くそ》は坑道内でするのを我慢したことをいっている—

—聖《はに》は重くて赤い土を坑道内から出すこと、及び耕地を作るため赤い土を市川に捨てることをいっている—

—我慢くらべの道中は調《みつぎ》（貢納品）として水銀朱四斛《こく》一斗を大和へ運ぶ途中のこと—

—神様が我慢された屎《くそ》と聖《はに》が市川《いちかわ》真黒石《まぐろいし》になった—

聖岡《はにおか》と名づけたわけは、昔、大汝命《おほなむちのみこと》と小比古尼命《すくなひこねのみこと》が相争《あいあらそ》い云《い》われますには、「聖《はに》の荷《に》を担《にな》いて遠《とほ》くへ行くのと、屎下《くそま》らずして遠《とほ》くに行くのと、この二つの事《こと》、いずれをよく為《なさ》む」。大汝命が曰《いわ》く、「我《あ》は、屎下《くそま》らずして行《ゆ》かむ」。

小比古尼命が曰く、「我《あ》は、聖《はに》の荷を持《も》ちて行《ゆ》かむ」。このように、相争《あひあらそ》い

大汝命は素戔嗚神《すさのおのかみ》が先祖だが他人になっている。荒々しい神であり、一方ではより大きな役割をする神としている。これは聖書に倣ったのではないかという。

大汝命は大物主神であって、その実働は大歳神である。大歳神は現・加西市を中心に加古川流域、市川流域を拠点に東西に広く治世

相争い

地としている。

淀川を越え、奈良を治めた神であって、さらに東へ進んでいった神である。

広大な土地を持ち、そこにある草木の実、獣、鳥、鉱物、水、米等の生産活動や産業を起こす、生産の神といわれる。

大汝命は大国主命（十八世代・西暦一世紀ごろから）ではなく大物主神であり、播磨を開発した大歳神《おおとしがみ》（十三世代）でもある。

小比古尼命は、小さいということではなく、若いの意。小比古尼命は少童命《わたつみのみこと》のこと。

少童《しょうどう》は古典では「わたつみ」で海の神である。海の底で人間としてあらわれる時は男の子に生まれる。小彦根《すくなひこね》（小さな立派な男・十二世代）、小比古尼命、少日子根、少童彦《わたつみひこ》名《な》ともいう。

海中に住んでいる龍神であって、田畑の生産担当者であり、鉱物資源の神様である。

海人族《あまぞく》は、鉄を造る技術（製錬）、稲を作る技術的知識を持ち（農作業）、舟を造る技術（造船）、舟をあやつる技術（貿易）を持って、中国南方から朝鮮国を経てやって来た人々である。

出雲の海中にある人の姿をした天然石が少童《しょうどう》である。

小比古尼命は少童命《わたつみのみこと》であって、海人族《かいじんぞく》トップを象徴的に表している。海童《わたつみ》、海若、海神である。ワタは海、ミは神霊の意。命《みこと》は命《めい》を受けた神である。

小比古尼命は大歳神より一世代前の猿田彦族が崇拝した少彦根命《すくなひこねのみこと》である。

大汝命こと大歳神が大便を我慢し、小比古尼命こと少彦根命は大汝命が掘った鉱石を含む痩せた赤い粘土を大川に捨て、草木の混じった肥沃な土を運び棚田とした。また、大汝命が掘った重い赤土の埴《はに》（水銀朱を含む赤土・辰砂《しんしゃ》・朱《しゅ》砂《しゃ》）を小比古尼命が調《みつぎ》として四斛《こく》一斗（一斛は十斗・約一八〇リットル・一升瓶四〇〇本分）を大和へ運ぶことになった。

生野町口銀谷《くちかなや》に姫宮神社、祭神・豊玉《とよたま》毘売《ひめの》命《みこと》、相殿《そうでん》・大穴牟遅神《おおなむぢのかみ》、金山毘古神《かなやまびこのかみ》、照姫（高姫）、天稚彦女《あめのわかつひこめ》（スサノオ命の御孫・大己

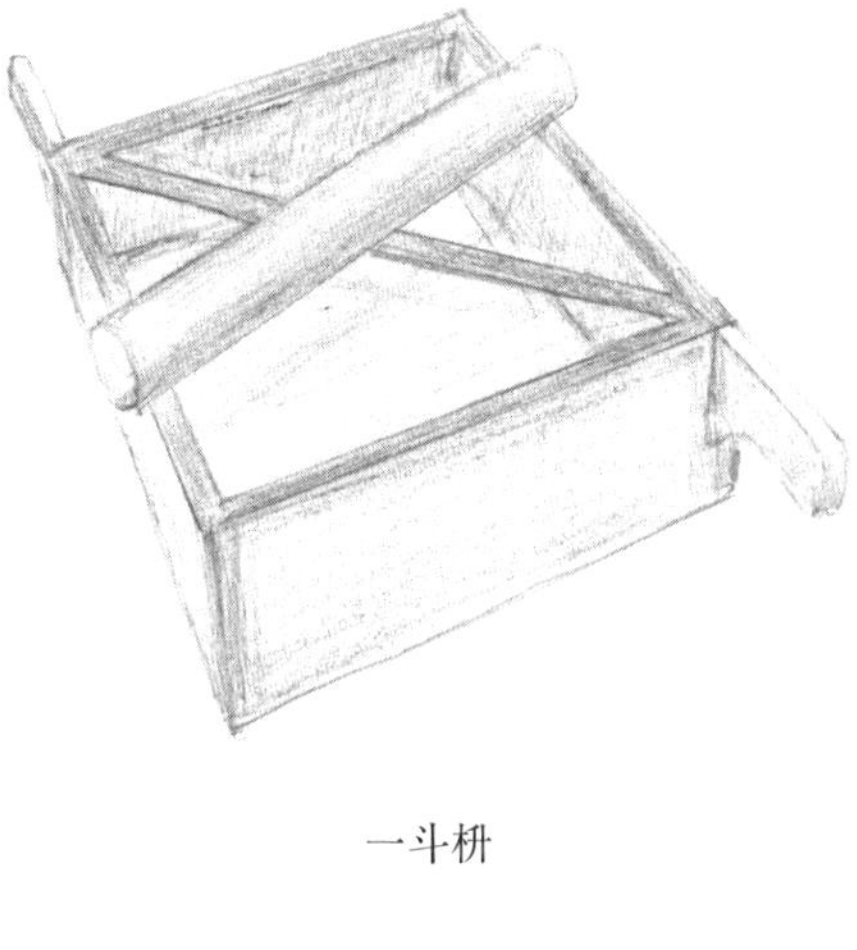

一斗枡

貴神御子のこと）がある。

姫宮神社縁起

「千草苗木金銀銅鉄五穀地より出生す。地霊なるにより金銀の産の地也」

この銀が水銀のことでもあって、水銀朱を含んだ赤土のこと。

古代の頃は口銀谷付近は市川の氾濫地帯で住みにくかった。姫宮神社は元栃原《もととちはら》の菖蒲《しょうぶ》沢《さわ》にあったのを口銀谷《くちかなや》に移転したもの。

※生野町栃原本村《とちはらほんむら》より千町坂に至る間に鉱脈があり、「黄硫鐵鉱《おうりゅうてっこう》があるも何《なに》たるかを知らず開採《かいさい》に堪《た》えざる」とある。

生野町口銀谷（旧・森垣村《もりがきむら》）字栃原口《あざとちはらくち》に大歳《おおとし》神社（祭神・大年神）、境内の大社《おおみわ》神社（祭神・大己貴命《おおなむちのみこと》）がある。

大歳神社付近には埴土《はにつち》（水銀朱の赤土・辰砂・朱砂）が採れた。

小比古尼命は旧生野森垣村栃原の深紅の埴《はに》を持って市川沿いを運ぶことになった。

「大便を我慢すること」と「重い埴《はに》を運ぶこと」とは、何を意味しているのだろう。

さあ、どちらが長く、どこまで辛抱できるか、というユニークな我慢くらべが始まった。ゴール地点は倭《やまと》（奈良県）なのだが。

行《ゆ》き之《ゆき》て

大汝命（大歳神）は大便のもよおしを我慢して、大股でゆっくりと歩いた。

生野から市川右岸沿いの川岸を栃原《とちはら》、真弓《まゆみ》、川尻《かわじり》、神河町淵《ふち》、栗《くり》、長谷《はせ》と歩いて、二日間ほど経《た》った。この生野道を歩かれた（但馬道は生野峠を越えて神河町猪篠、福本に出る道）。

鉱山の竪坑《たてこう》、横坑《よここう》ともに坑道の奥で大便をもよおして、その場ですると悪臭がして労働意欲をなくすること。また、大便をするため坑道を出ると、作業の持ち場を離れることとなりチー

大汝命

ムワークが保てないのである。

大汝命が大便をしないで我慢して行くのは、鉱山の坑道内労働者の苦しみの代弁である。屎《くそ》を我慢していると収まり、便意もなくなる。さらに我慢すると便秘、うつ、そしてまっ黒に固まってコロコロになって出てくる。

古代では、屎を聖なるものとし、屎麻呂氏、屎目氏という名前があったという。

※大便には、カス十五パーセント、死んだ細胞と死んだ細菌が八十五パーセントある。古代すでに溝を引き込んで、その上にトイレ小屋を建てて水洗トイレとしていた。また、木を細く割った木簡で、お尻を拭いていた。

鉱石の銅、錫、鉄は早くから発見されていた。特に鉄が農耕用に優れていることは、猿田彦族によって日本に伝えられていた。製錬するところまでは難しかったようなので輸入に頼っていた。それでも鉱石のある山を探したり、鉱石のある土地を占有していた。

小比古尼命《すくなひこねのみこと》は、大汝命（大歳神）が坑道から掘り出したずっしりと重い埴《はに》を担いで川岸の土手に捨てた。市川（古名「大川」）のような大きな川に捨てないと粘土が流れない。

小川では隣の田に粘土が入ってしまう。

粘土質の埴《はに》は水持ちは良いが肥料が届かないので、その土を川岸の土手に捨ててよく肥えた腐植土と入れ替える。または草木等の有機肥料を粘土に混ぜて肥沃土にすると、田の水持ちがよく良い土になる。粘土質の土を耕すには莫大《ばくだい》なエネルギーが必要である。古代の耕作地は谷から少し下った場所に作られた。

鉱山で坑道を掘って出てきた土、石を運んで、田・畑にしていた所を「段」という。

小比古尼命（少彦根命《すくなひこねのみこと》）は、この重い埴《はに》を段にも運んだ。

稲作の技術についても猿田彦族はすでに知っていて、大きな石をのけて水を引き込む水路を造り、水田を造った。一部鉄製のカラスキ、クワを使っていた。

小比古尼命

また、純度の高い深紅の辰砂（朱砂・水銀朱の赤土）は、市川沿いの山道《やまみち》、野道《のみち》をよたよたして中央（大和）めざして運んだ。

水銀（朱砂）は赤色の硫化水素（辰砂、丹砂《たんしゃ》）から採集する。

水銀は鉄、白金、マンガン、コバルト、ニッケルを除く他の金属と容易に結合して、合金になる。

この特質を利用して、金銀鉱石と水銀の合金を作り、次に水銀を蒸留して、金ないし銀を回収するアマルガム法（混汞法《こんこうほう》。「汞《こう》」は水銀）を古代から用いてきた。卑金属《ひきんぞく》はまさしく金、銀に変化する。

水銀は次々と化合することによって色彩を変えることもできる。塩素や酸素などと化合し、白色にも黒色にも変化する。

赤土（辰砂・朱砂・水銀朱の赤土）は水銀と硫黄の化合物で、水銀の原料や赤色顔料として利用されていた。

赤色には邪気を除き、魔を祓《はら》う霊力があるとされている。

辰砂の赤い岩絵の具は、高松塚古墳の壁画に使われていた。

赤土（辰砂）を塗った桙《ほこ》を軍船に立て、兵士の鎧《よろい》に赤土を塗ると突き進むことができるという呪力《じゅりょく》があるとされている。

水銀を朱色顔料として皮膚にこすりつけていた。

古代中国・インドでは、飲んで不老不死の霊薬に用いられた。またこの薬は、道教・仏教の魔除《まよ》けの儀式などに使われた。

人間の体内にある金属は、カルシウム、鉄、金、銀、銅、カリウム、マグネシウム等六十種類ある。なお、人類誕生の元はマグネシウムが元素である。

また、現在のベンガラは、ペンキの着色料として使う赤色顔料。主成分は酸化第二鉄。もと、インドのベンガルに産した。紅《べに》ガラ。

水銀に他の金属を混ぜてアマルガムとし、奈良大仏の金メッキとした。

印鑑の朱肉となっている。

これらのことから赤土（水銀朱を含む・辰砂・朱砂）は調《みつぎ》の貢納品として、五斛《こく》一斗（「延喜式主計寮」より）を中央（倭）に納めていた。

律令制下の租税制度である租庸調《そようちょう》のうち、調《ちょう》は紙、食品、その他の貢《みつぎ》もの。租《そ》は税であって田からとれた稲束をあてる。庸《よう》は夫役《ぶやく》、人夫の労働のこと。

赤土の貢納が定められているのは、播磨国のみである。

小比古尼命（少彦根命）は大汝命（大歳神）より徐々に遅れていった。

現・生野町黒川字屏風岩《びょうぶいわ》に屏風《びょうぶ》神社（祭神・少比古名命《すくなひこなのみこと》）がある。

数日経って、大汝命《おほなむちのみこと》が云《い》われますには、「我《われ》、がまんして行《ゆ》けない」。
やがて坐《すわ》って、屎下《くそま》りたまひき。
又、屎下《くそま》りたまひき時、小竹《ささ》、その屎を弾《はじ》き上げて、衣《みそ》に行《は》ねき。故《かれ》波自加《はじか》の村と号《なづ》けき。

数日とは二、三日から五、六日の日数をいう。ここは二日間ほどだろう。「数日経って」は神事の及ぶ日数のこと。

「我、我慢して行けない」とは、大川（現・市川）の生野から波自加村（現・市川町屋形初鹿野《はじかの》）間は川の両岸が切り立っていて、大和へ運ぶ水銀朱の運搬を船ではできないので山の中腹を歩いて運んだことをいっている。古代は波自加村より南部付近まで海が入り込んでいたので、ここからは船路となって、陸路のがまん比べは波自加村までとなった。

「屎をはじき上げて、衣に行《は》ねき」というのは、当地区が市川と越知川の合流点で、水量が多くなって大水が出るたびに川の流域が変わって、対岸は土砂がたまり、手前は川となっていた。洪水によって赤い土を含んだ濁流が川中の竹にはね上げられて流れている様子をいっている。

　波自加村は現・神崎郡市川町屋形字初鹿《はじか》野《の》・沢《さわ》、神河町粟賀町福本《ふくもと》のこと。

「衣《みそ》」は市川町鶴居《つるい》地区の伝承によると、一人住まいの男の所へ娘がやって来た。ある日男の屋敷の一室で機《はた》を織っていた。娘は男に機を織っている部屋を見ないように言っていたにもかかわらず、男は機屋《はたや》をのぞいてしまい、神の化身である鶴の姿を見てしまう。

　機屋は特別な場所、機織りに仕える処女が物忌《ものい》みし、神衣を織るという、巫女《みこ》信仰である。

　また、当地区には、七夕祭りに七夕人形（紙人形）を飾っていた。

　笹《ささ》についた屎がはねて神の着ている衣に

大汝命

ついたので波自加村《はじかむら》になった。

波自加村の南に太郎太夫山《たろうだゆうやま》、太郎原《たろうはら》という地名がある。太郎は「たたら」を意味しており、鑪《たたら》がある山である。なお、太郎太夫山の「太夫」は官職名で、たたらの管理人のことだろう。

太郎原南の字《あざ》奥谷の、通称「炭釜《すみがま》」という所に夜光石《やこういし》があり、この石を祭神として祀ったのが石神大明神《いしがみだいみょうじん》であって、現在は移築して麓の宮山に石神宮として祀ってある。

※たたら製鉄は、山の薪炭《まきたん》と砂鉄を含んだ赤土と真砂土《まさつち》から採取した砂鉄を原料にして、炉《ろ》で熱して鉄（銑《ずく》、けら）を生産する。

※炭釜《すみがま》という所は鉄を精錬《せいれん》するためのかま（炉《ろ》の通称）、もしくは木炭《もくたん》を製造していた場所だろう。「砂鉄七里《ななり》に炭三里」といい、木炭が一回に約十二トン、生木《なまき》では三～四町歩《ちょうぶ》の山林が必要だった。この場所をも「たたら」という。なお、太郎はたたらの当て字か。

※弥生《やよい》時代のはじめに国内の鉄器の加工生産が開始し、弥生時代後期に小規模の製鉄が開始され、古墳時代後期には国内の鉄生産が本格的になった。鉄器による武器を用い、カラスキ、鍬《くわ》など

に鉄を付けた農具、船などをつくる工具として活用した。

初期の原料は鉄鉱石の場合が多く、露天掘りであっても深く掘り下げていた。のちに砂鉄も加わり、やがて砂鉄が主流になった。砂鉄は「鉄穴流《かんななが》し、鉄砂流《てつしゃなが》し」という手法で採取した。

砂鉄は風化した花崗岩《かこうがん》などに〇・五パーセント～二パーセント程度の含有量である。谷川水《たにがわみず》に土砂を流し、下手《しもて》の洗い場の池で、重い砂鉄を沈澱《ちんでん》させて選鉱《せんこう》し、砂鉄を燃え上がる炭のすき間を通す間に還元して鉄を採る。残ったカスが金屎《かなくそ》（スラグ、鉄滓《てっさい》、カラミ）で、これが市川に流れ出た。

なお、波自加村には土器製作者も住んでいた。

その時、小比古尼命《すくなひこねのみこと》が咲《わら》って曰《いわ》く、「然苦《しかくる》し」。

またその聖《はに》をこの岡に擲《なげう》たれた。

故《ゆえ》に、聖岡《はにおか》と号《なづ》けき。

「咲《わら》って」は「笑って」の意。神河町大河《おおかわ》、鍛治《かじ》、寺前《てらまえ》と歩いてきた。

大汝命より遅れている小比古尼命も、「そのとおり、私も苦しい」と言って重い聖《はに》を大川（市川）と小田原川（湯川）の合流地点の岡に投げ捨てられた。

「この岡」は比延《ひえ》の旧大歳神社（神崎郡神河町比延《ひえ》字山田二一〇番）の南の岡のことで、岡から突き出た聖岩《はにいわ》に注連縄《しめなわ》を張って敬っている。ここが聖岡《はにおか》である。

大歳神・少彦根命による聖岡である。

この岡の西の山を「本城《ほんじょう》」（六九六メートル）という。

本城の「城」（き、しろ、じょう）は、外敵の侵入を防ぐために柵《さく》や堀をめぐらし、そこに居た人が祭事を執り行っていたことから「本城」となったのだろう。

また、小田原川に近い比延村字山田二一

小比古尼命

〇番にあった旧大歳神社（祭神・大歳神）が明治四十二年（一九〇九）十一月に日吉神社境内の恵美須神社に合祀された。字限図《じげんず》に神社境内跡地を表す赤印《あかじるし》がある。

比延村字山田二四五番にある日吉神社は寛永《かんえい》二年（一六二五）に山王《さんのう》社拝殿《しゃはいでん》から出火し、比延市場村《ひえいちばむら》の半分以上を消失したので寛永四年（一六二七）十一月に再建された。

聖岡の裾《すそ》付近にある薄茶色の石を「みそ石」といい、昔は道に敷き詰めていたという。聖の新字は垐《しつ》のことだろう。垐《しつ》は土を道の上に増し整えて敷く意。

聖岡

比延の日吉《ひよし》神社の御祭神は、大汝命、少彦根命《すくなひこねのみこと》、大山咋神《おおやまくいのかみ》（大年神の子《みこ》）、またの名は山末之大主神《やますえのおおぬしのかみ》という。近江国の日枝山《ひえやま》（のちに比叡山）に鎮座する日吉大社の祭神・大山咋神で、後に近江京遷都の翌年・天智天皇七年（六六八）に大和国三輪山の大三輪神社すなわち大物主神を勧請し、地主神（大山咋神・大物主神）として、共に祀られている。西本宮の祭神は大己貴神（大国主神）としてあるのは、大国主神の和魂が大物主神であると日本神話に書かれているので同じ神とみなされるとしたという。延暦寺《えんりゃくじ》では大山咋神と大物主神を「山王」と称した。山王は日吉大社（滋賀県大津市坂本）の別称である。

比延の日吉《ひよし》神社には永享六年（一四三四）の惣庄《そうしょう》勧進になる獅子頭《ししがしら》に「播磨国大河内庄山王宮」との銘がある。

文安《ぶんあん》年間（一四四四～一四四九）、疫病流行のため現・滋賀県大津市の近江日吉《ひえ》社の分霊を勧請して山王権現を祀り日枝（日吉《ひえ》）神社とし、地名が日吉《ひえ》から比延《ひえ》になった。

文安三年（一四四六）には小田原左衛門が日吉神社に懸佛三体（大日如来・地蔵菩薩・薬師如来）を寄進した。

比延の日吉神社の祭神・大汝命と少彦名命については、明治三十六年（一九〇三）十月二十七日勧請されたとあるが、どこの神社か不明である。

もしも日吉大社にしたのであれば、当時は西本宮の主祭神・大山咋神で東本宮の祭神・大物主神は摂社となっていた。大汝命はこの大物主神を勧請したのか。

比延の日吉神社の祭神・大汝命、少彦根命は、『播磨国風土記』の我慢比べを意識しての出来事だったのだろうか。

筆者の見解は大汝命は大物主神・大歳神であって、日吉神社に大物主神、大歳神がなくとも比延山田二一〇番に元大歳神社（祭神・大歳神）があったので勧請しなくともよかったのではないか。また少彦根命については、海神族の少童命であるので、子供で神ではなく命《めい》を受ける命《みこと》である。

※大山咋神が日吉大権現（山王宮）である。比叡山日吉《ひえ》神社の山王権現は天台宗の守り神である。
比延の日吉《ひよし》神社の北西の「はにおか運動公園」入口付近に日吉神社の祭神・大山咋神を守る神宮寺寿福寺（現在は神河町鍛冶に移転している臨済宗《りんざいしゅう》寿福寺）があった。

また神社の南方には南門、大門（市川町沢）という地名が今もある。

※『日本書紀』五六四年「蘇我馬子…（略）…四方に使して修行者を訪ひ……。是に播磨國にして僧環俗の者を得。名は高麗の惠慶といふ大臣乃ち以て師にす」と。播磨国には僧の師となる高僧の惠慶が居たというのだから、仏教が早くから広まっていたようだ。

葦原醜男命《あしはらしこおのみこと》（大歳神《おおとしがみ》、大物主神《おおものぬしのかみ》、伊和大神《いわのおおかみ》）が国造りの時にすでに埴岡《はにおか》と呼んでいた。
大物主神と大山咋神の二神を仏教用語の「山王」と称した。

日吉神社の経緯

恵比寿神社：字中川原一六九番　祭神　事代主神《ことしろぬしのかみ》・大年神　明治二十七年（一八九四）日吉神社に移転鎮座

大年神社：字山田二一〇番　祭神　大年神　明治四十二年（一九〇九）日吉神社境内の恵比寿神社へ合祀。

日吉神社：字山田二四五番　祭神　大山咋神　寛永四年（一六二七）十一月再建。宝永二年（一七〇五）三月、日吉神社拝殿から出火し、神社消失し、比延市場村過半を消失したという。なお、比延市場は明治中期まで存続した。

日吉神社：字山田二四五番　祭神　大汝命・少彦名命の二神は明治三十六年（一九〇三）十月二十七日勧請す。二神は元々おられたのだから勧請することはなかった。二神の正体が分からなかったようだ。

日吉神社の境内神社に稲荷神社（祭神・宇迦之魂神《うかのみたまのかみ》〈大歳神の弟〉）、笑姿社、恵比寿神社（祭神・事代主神・大歳神）がある。

なお、大汝命は大歳神であり、元は字《あざ》中川原一六九番地の恵比寿神社、祭神は事代主神・大歳神及び字《あざ》山田二一〇番にあった大年神社を指している。

※日吉神社の正面社殿の天井に記《しる》してある手置帆負神《たおきほおいがみ》、屋船旬々能知神《やふねしゅんしゅんのちがみ》、屋船豊受姫神《やふねとようけひめがみ》、彦狭知神《ひこさちがみ》の四神は、建物の神、舟の神で、市川通舟《つうせん》の安全を祈願した。寺前橋の南、市川と小田原川の合流点付近の川崎に舟着場《ふなつきば》があって、天保八年（一八三七）、比叡村川崎へ高瀬舟が着いた。舟を両岸からロープで結び馬で曳いた。その後、銀の馬車道に引き継がれたのだろう。播磨飾磨屯倉《はりましかまのみやけ》（現・飾磨港）へ舟で運んだのだろう。

天保郷帳では高一二二三石余とある。

神崎郡誌（昭和十七年五月一日発行）の日吉神社由緒書については、猿田彦神社を含めて、『播磨国風土記』発行（西暦七一五年）に記載はできなかった。

【神前山《かむさきやま》（神崎郡福崎町）の建石敷命《たけいわしきのみこと》（伊和大神の子《みこ》）が聖岡山《はにおかやま》に寄られて、大汝《おおなむちの》命《みこと》と少彦名命《すくなひこなのみこと》が集合し、経営の相談が整い、埴岡山《はにおかやま》にお泊まりになった。

また、山王記録によると、日吉神社は大汝命が国づくりの時、本城《ほんじょう》でご宿泊された。よって、山王宮を建て大汝命、少名彦根命を惣代神《そうだいがみ》とした。この埴岡《はにおか》が上山王《かみさんのう》である。日吉神社の祭典前夜に京都比叡山山王社《さんのうしゃ》より神の使いとして山猿《やまざる》が来て、乾《いぬい》の方角の山中に休憩したとして、猿岩《さるいわ》（現在「シャレ」と呼んでいる）という大石《おおいし》がある。

上山王《かみさんのう》（日吉神社のこと）の南の下山王《しもさんのう》（神崎郡市川町下沢）の旧山王神社（祭神・大《おお》山咋神《やまくいのかみ》・滋賀県大津市坂本の日吉《ひえ》神社の分霊）は、天神《てんじん》という所に磐座《いわくら》（御敷岩《ごしきいわ》）があった。神前山《かむさきやま》の建石敷命《たけいわしきのみこと》が下山王に来られて、大汝命と少彦名命と会合し、経営の相談が整ったので、御敷岩の上に立って村人に祭事の相談をし、大神の住居付近を天神とし、大神をお祀りすることとしたという。

なお、大山咋神（山王権現）を守っていた神宮寺別当・松福寺（高野山赤松院末寺）があったが廃寺となった】

その後、下山王神社を明治六年（一八七三）の「神社明細帳」調べで「猿田彦神社なり」ということで、明治十三年（一八八〇）十月二十二日に猿田彦神社（市川町沢）と更《こう》正《せい》した。

猿田彦神社は現・神河町新野《にいの》、市川町沢、同・美佐が氏子圏《うじこけん》である。

猿田彦神は賀茂族である。賀茂族のルーツは約六〇〇〇年前にシリアからインド東北部の中国雲南省、及びマレー半島を回り東南アジアを経て日本に渡って来た。猿田彦神社は海神族の少童命に集合した。

賀茂族は椿《つばき》から油を採取していた。なお、今は神様に榊《さかき》をお供えするが、以前は椿が供えられていた。

承和《しょうわ》三年（八三六）五月『続日本後紀《しょくにほんこうき》』巻五　仁明《にんみょう》天皇欄に「仁明天皇の第二皇子宗康親王《むねやすしんのう》に播磨國神埼郡荒廃田卅三町賜る」と見える。これは新野《にいの》のこと。

五山の文学僧・瑞渓周凰《ずいけいしゅうほう》の日記『臥雲日件録抜尤《がうんにっけんろくばつゆう》』の文安五年（一四四八）八月十九日条に、『平家物語』十二巻を作った菅原為長卿《すがわらのためながきょう》（一一五七〜一二四六）が「播州ニイノに居た」とある。

現・神崎郡神河町新野《にいの》は宗康親王（仁明天皇の第二子）及び後述の護良親王《もりながしんのう》（大塔宮《だいとうのみや》・後醍醐《ごだいご》天皇の孫）ゆかりの地として「親王村」になり、室町時代中期に親王村から新野村になったのだろう。

それが新野庄となって、新野・野・下澤・美佐村がある。

この付近は親王領であって禁野《きんや》になっていた。禁野は親王の狩猟場であった。さらに、銅が採れるので禁野としたのだろう。

御所谷《ごしょだに》には鉱石を掘った竪穴《たてあな》があり、赤黒くて重い石がある。黄銅鉱《おうどうこう》が採れていたようで、今も埋《うず》もれているのを掘ると黄銅鉱石が緑青《ろくしょう》を帯びている。

また、ヌルヌルの白っぽい粘土を水で洗うと銅鉱石が採れる。銅と鉄の利用は同時期と考えられる。

現・市川町沢に約一五〇〇年前に造られた山王《さんのう》一号墳、山王二号墳がある。二号墳には鉄製鍬《くわ》、鉄鏃《てつぞく》（鉄の鏃《やじり》十点）が出土した。

六世紀前半の継体天皇以降は播磨に対する倭《やまと》による直接的支配が拡大し、「市川屯倉《いちかわのみやけ》」（現・市川町）「飾磨屯倉《しかまのみやけ》」が設置され、さらに渡来系氏族《うじぞく》の計画的派遣が行われた。

現・神崎郡市川町美佐に諏訪神社が鎮座されている。諏訪神社は元暦《げんりゃく》元年（一一八四）、諏訪大社より分霊を勧請した。この付近は古くから開発されていて、美佐山《みさやま》鉱山があった。同、沢の沢構《さわかまえ》に皿の内面に鉄絵《てつえ》、犬型土製品の鼻に針金状工具で製作、刀子《とうす》（ナイフ）に柄状《がらじょう》の鉄器が出土した。

現・市川町沢（澤の構跡《かまえあと》）に上繁神社（元の祭神・素戔嗚尊《すさのおのみこと》、のちに祭神・宇迦之御魂神）がある。

現・市川町沢に加茂《かも》神社（祭神・別雷神《わけいかづちのかみ》・大山咋神とされる）がある。

現・神河町寺野に姫宮神社（祭神・玉依姫神《たまよりびめのかみ》・猿田彦神の子）がある。

現・神河町新野に熊野神社（祭神・イザナキ神、イザナミ神、須佐之男命《すさのおのみこと》）がある。

境内末社として、金比羅神社（祭神・大物主命・大年大明神）がある。

古墳の純日本式は棺の周りは埴《はに》で埋め尽くして空洞はなかった（竪穴式古墳）。のちに渡来人によって持ち込まれたのが内部に空洞を造るようになった（横穴式古墳）。

※埴《はに》は塗《しっ》のこと。埴《はに》は棺《ひつぎ》の周りにくっつける焼き土の意。

古墳の壁画に赤土（水銀朱、辰砂）が使われている。

清水山古墳・新野山古墳・山王一号墳・サルガク遺跡がある。


その埴と屎とが石に成《な》り、今《いま》に亡《う》せず。


埴岡《はにおか》の里の山に赤土粘土（みそ石）がある。

泥や粘土を泥という。泥が固まって泥岩《でいがん》となる。粘土の特に多いものを頁岩《けつがん》という。粘土の成分の珪素《けいそ》が酸素と化合して二酸化珪素（珪酸《けいさん》という）になる。珪酸が川に流されて川のよどみで堆積して砂泥岩《さでいがん》と粘土岩を合わせて石となったものが頁岩《けつがん》である。

珪酸頁岩《けいさんけつがん》には泥板岩《でいばんがん》（粘板岩《ねんばんがん》）、頁岩油《けつがんあぶら》（通称「油石《あぶらいし》」）等があり、色は淡灰色《たんかいしょく》、暗灰色《あんかいしょく》、黒褐色《こっかっしょく》である。

頁岩は市川（古名「大川」）上流の生野町生野（竹原野《たけはらの》には埴土《はにつち》もある）、真弓《まゆみ》、川尻《かわじり》、栃原《とちはら》付近と小田原川（湯川）上流の左岸に多くある。

播磨市川の中、下流には頁岩である「真黒石《まぐろいし》」（通称「油石《あぶらいし》」）という、表面はつるつるで真っ黒な石がある。この石は一瞬水がはじかれていくように白っぽくなる。また、割れ目が横方向になる。

大歳神が我慢した黒くて固い屎が市川のよどみで長い年月をかけ市川真黒石《いちかわまぐろいし》になって今もある。

※火山灰が風化して出来た赤土は、塩基性の鉄、銅、珪素《けいそ》、ヨウ素等を含んでいる。山を掘って花崗岩《かこうがん》が風化して出来た真《ま》砂土《さつち》（酸性の砂鉄を含む）、火山灰が風化して出来た赤土

真黒石

（川鉄《かわてつ》）（赤目《あかめ》系、塩基性の砂鉄含む）から、砂鉄（山鉄《やまてつ》）を採ったり、川沿いに堆積した砂鉄を採取していた。また、花崗岩岩体の割れ目に鉱液がしみ込み凝固した鉱石、花崗岩岩体の高温で鉱化した鉱石もある。

現・神河町上小田字カンサク谷及び字ヲソ谷に砂鉄の採取跡、及び金屎《かなくそ》がある。

※現・神河町福本の耐火粘土成分表（単位：パーセント・二〇一五年五月現在）
ヨウ素五・三五、珪素八〇・二四、アルミニウム一四・八〇、カリウム〇・三〇、チタン〇・一五、酸化鉄〇・四二、計一〇一・二六

埴（粘土）約一トンに鉄が四十グラム採れた。鉱床は脈状鉱床で、探鉱も行き届かなかった時代であり、鉱量は少ないと思われる。太古の製錬は木炭、動物の骨を混ぜて熱していた。

湿地帯の鉄鉱石は八〇〇度で溶けるが、山の鉄鉱石は一一〇〇度の温度が必要である。

※ロウ石の表面や割れ目に沿って赤鉄鉱《せきてっこう》（赤茶色の鉱物）や褐鉄鉱《かってっこう》（黄褐色・黒褐色の鉄鉱石）

がある。現・神河町福本のロウ石採取、同町大河、新野《にいの》にロウ石採取山があった。

※御影石《みかげいし》が風化して火山灰になり、堆積して石英、黒雲母《くろうんも》、長石《ちょうせき》を含んだ粘土になる。鉄より固い石英と鉄より軟らかい石が混じった石が砥石《といし》である。

古代は鉄の鎌・矢じり等を研ぐのだから中砥石《なか》、荒砥石《あら》でよかった。鉄と砥石はセットである。

市川には鉱石を取った後の屑《くず》である金屎《かなくそ》（スラグ、のろ、カラミ、鉄滓《てっさい》）も散在する。調《みつぎ》（税）の水銀朱（埴《はに》）は、市川から加西へ出て、舟で加古川を下り瀬戸内海を東に進み大阪に着き、大和川を上って、東大寺に納められた。

・「我慢くらべ」とエミシ語

我慢くらべに出てくる言葉はエミシ語でなら意味、発音が相互に掛詞《かけことば》となり、愉快な話になる。

○堲《はに》の荷を担《にな》いて遠くに行くのと、堲である粘土、赤土を荷物として背負って遠くへ行く。

エミシ語では、土はトイ（toy）、遠いはトイマ（tuyma）、荷物、背負うはシケ

(sike) で、さらにシケはシ (si) が大便、ウシケ (uske) が所という意。

よって、発音によるトイとトイマ、シケとウシケは、意味では土と遠い、荷物と背負う、大便と処という、掛詞が充満している。

○屎下《くそま》らずして遠くに行くのと、
○やがて坐って、屎下《くそま》りたまひき。

エミシ語では大便をするの隠語がトイマアラパ (tuyma-arpa)、トイマは遠く、アラパは行く。さらにトイマア (tuyma-a) は大便する、トイマは遠く、ア (a) は座る。

トイマアラパとドイマ、アラパが同一発音で、意味は大便する、遠くへ行くを兼ねる。さらに遠くへ行って座って大便

我慢

する、となり、トイマアラパにすべてが絡まっている。

死野は「死野とエミシ語」の順で述べたとおり同じ発音で同一地名を表し、意味は「休む」を兼ねて、掛詞となっている。

日本語では、「糞をしないで遠くに行く」という単純な設定になるが、エミシ語だと「糞をしないで（遠くに行かずに）遠くに行く」という掛詞が伴う。

言葉の遊びがあるから現在日本語に訳しにくいし、訳すと面白味に欠けてしまう。

エミシがこの神話を語り継いだのだろう。

○一家《あるひと》云《い》はく聖岡

一家《あるひと》云《い》はく、品太天皇《ほむだのすめらみこと》（応神天皇《おうじんてんのう》）が巡行《じゅんこう》された時、宮をこの岡に造《つく》りて、のりたまひしく「この土は聖たるのみ」とのりたまひき。故《かれ》、聖岡といふ。

「一家云《あるひとい》はく」は「一説には」ということで、本伝承ではなく当『風土記』編纂より四〇年前の別伝承である。

○第十四代仲哀《ちゅうあい》天皇までは、大和朝廷をつくって初めて日本を統一した「崇神《すじん》王朝」とする。

仲哀天皇が九州で戦死し、代わりに九州から攻め上ってきて日本を統一したのが第十五代応神天皇で、これを「応神王朝」と呼ぶ。崇神天皇と応神天皇は血縁関係はない。

応神天皇は、朝鮮の伽羅国《からこく》の王でもあったようだ。なお、応神期に日本へ漢字が伝わった。

大阪府羽曳野市にある応神天皇陵も、近年では誉田山《こんだやま》古墳と呼ばれることが多い。次の第十六代・仁徳天皇から人間並みの在位期間となっていて、仁徳天皇が新王朝の初代であるという説がある。なお、大和と北九州に別の文化圏があったことは間違いない。

一方、応神天皇（品太《ほむだ》天皇・四一三～五〇二年）は、天日槍神《あめのひぼこがみ》の七代目にあたるという。

天日槍神は、初め難波（現・大阪）に着かれたが遮られたので但馬《たじま》に上陸されて、但馬出石《いずし》で但馬の神になられた。

天日槍命《あめのひぼこのみこと》は、外来の新しい製鉄技術の韓鍛冶であって、新羅の天日槍王子《あめのひぼこおうじ》で新渡来神である。

宍禾郡《しさはのこおり》御方里での葦原志許乎命《あしはらのしこおのみこと》（伊和大神《いわのおおかみ》・大年神）と天日槍命《あめのひぼこのみこと》は、土地の支配、特に鉱物資源をめぐってたびたび戦いをしている。

天日槍神を崇拝する氏族《しぞく》の分派が播磨にあって勢力を拡大していった。

よって、福本の福本遺跡付近は大歳神（伊和大神）崇拝者ではなく、天日槍神崇拝者による聖岡としている。

天皇に仕える国司・大石王及び編集者・楽浪河内大目《さだなみのかわちだいさかん》による記述と思慮する。

宮は御屋《みや》である。

現・神河町福本の福本遺跡は、旧石器時代から奈良時代にかけての複合遺跡で、一万三〇〇〇年前の石器や縄文時代早期の押型文土器《おしがたもんどき》、弥生時代の住居跡、奈良時代の瓦窯跡《かわらようせき》などたくさんの瓦《かわら》と共に出土した。

赤土、雑器《ざっき》（食器類）は税目《ぜいもく》として扱われていた。

また、福本遺跡から出土した弥生時代の板状鉄斧《てっぷ》の鉄器がある。古墳時代には鉄鎌《てつがま》や馬具（轡《くつわ》）などの鉄製品とガラス玉がある。なお、土器の棺《ひつぎ》、墓跡《はかあと》もある。

当『風土記』の飾磨《しかま》、揖保《いぼ》、宍粟郡《しそうぐん》の条に馬の記述があることから、「くつわ」は必要であった。

平成三十年（二〇一八）九月、福本区堂屋敷遺跡の発掘調査が行われた。堂屋敷跡から瓦が出土した。瓦一枚の重さは五キロあり、数多くの瓦を遠くへ運ぶのは無理であると考えられていたので、福本遺跡から近い堂屋敷の寺の屋根に使われていたことが判明した。

同じ場所で建て替えられていたこともわかった。『元亨釈書』に伝承されている忠犬の菩提寺「播磨犬寺」、『峰相記』の「粟賀犬寺」である。

○粟賀村

粟鹿川内《あはかのかふち》と号《なづ》けしわけは、彼《そ》は、但馬《たじま》の阿相郡《あさぐのこほり》の粟鹿山《あはかやま》より流れ来《く》。故《かれ》、粟鹿川内《あはかのかふち》と曰《い》ひき。楡生《にれお》ふ。

粟鹿山《あわがやま》（九六二メートル）は但馬国の阿相郡《あそうぐん》（現・朝来市山東町《あさごしさんとうちょう》と氷上郡青垣町《ひかみぐんあおがきちょう》の境）にあって、水は粟鹿川に流れて円山川《まるやまがわ》に注《そそ》いでいる。

※粟鹿川沿いには粟鹿《あわが》神社（現・朝来市山東町粟鹿。御祭神・彦火火出見尊《ひこほほでみのみこと》、または天美佐利命《あめのみさりのみこと》とする説あり。天美佐利命は大国主命の御子《みこ》）がお祀りされている。

現・神崎郡神河町粟賀町《かみかわちょうあわがまち》を流れる越知川《おちがわ》は三国岳から発している。但馬の粟鹿山からは南に約十キロメートル離れていて、粟鹿山の水は流れていない。物理的に不可能である。

古代但馬の人は粟鹿山に畏敬の念を抱いていたようだ。その但馬の人が市川支流の白口川を経て峠を越え、越知川（粟鹿川《あわががわ》）の現・神河町粟賀町《あわがまち》に移住したことを川の流れにたとえたようだ。粟賀町に住んでいた古代人は但馬の粟鹿山に対して信仰心を持っていたのだろう。粟鹿川内《あわがかうち》は越知川下流の粟賀町付近であると思われる。

現・神河町粟賀町福本字大黒町《だいこくまち》に大歳《おおとし》神社（祭神は八社合祀により大歳神、応神天皇、大物主神他十神）、また、境内神社の金比羅神社（祭神・金山彦命）がある。

同・貝野に大年神社（祭神・大年神）がある。

福本山根古墳・中茶屋古墳・庚申堂古墳・荒神山古墳がある。

神河町粟賀町中村に埋田《うめた》神社（祭神・玉依姫命《たまよりびめ》・大年神）がある。

同・越知谷《おちだに》福畑字森に大歳神社（祭神・大歳神、スサノオ神、少彦名神、大物主神）がある。

埋田古墳・法楽寺古墳がある。

※楡《にれ》は、樹皮をはがすとすべる（ヌレ）ことから名がついた。なお、一説にこの楡は、岩梨《いわなし》のことで、果実が食用となり、味は甘ずっぱく、ナシの味がするという。

○『隋書倭国伝《ずいしょわこくでん》』

『隋書倭国伝《ずいしょわこくでん》』（五八一～六一八年）に、倭は「弓、矢、刀、斧《おの》があり、…兵はいる…（中略）…戸数は十万ほどか」とある。

『和漢三才図会』巻五十九に「按熟鉄出於雲州・播州者為上。備後…（略）…」とある。

播磨国は早くから、砂鉄を産し「たたら」による製錬が行われ、良質であったという。

市川水系には鉱物資源が七十種あるという。

古代村人の生業《せいぎょう》は、春から秋にかけて稲作、畑の雑穀栽培であった。米作りは山中の谷地《やち》にわずかな耕地、山の保水による天水農業、また年一回の収穫なので、経験不足のため米を安定的に常食化できるほど収穫できないため、自生植物（わらび、クズ）、果実（木の実）、狩猟（鹿、猪、兎、鳥）、漁労（貝、魚）を採って食を補った。

秋から冬にかけては鉱物を採る人夫《にんふ》（炭焼き・かな役（鉄穴）・山役・川役等）をし、代償として食物をもらって生活した。

どうしても食料不足により、栄養、熱量不足となるので、古代の平均寿命は男三十三歳、女二十八歳、乳幼児の死亡率は五十パーセントと高かった。

聖岡の里の人口は、一二五〇人（一里五十戸・一戸二十五人）ほどだろう。

疾病《しっぺい》、災危《さいき》が多く、これが外部からもたらされるという意識から村中で呪術、祭祀を行った。神への信仰心が非常に強かった。

播磨では大歳神がたくさん祀られており、しかも今なお神社境内は綺麗《きれい》に掃除がなされている。

「我慢くらべ」の大汝神は、大歳神のことである。またの名を大物主神、伊和大神、大穴持神という。

日本国中の鉱山開発をするにあたり、鉱山労働者（鉱山師）が一番大変な思いをするのは、「坑道内での生理現象の我慢をする苦しさ」であって、これを代弁しているのである。

また、鐵《てつ》を得た者が国を制する。鐵がある山（土地）を先行して占有した。

小比古尼命は海人族《あまぞく》の少童命《しょうどうのみこと》のことである。大量の埴《はに》を山、野から川縁《かわぶち》に運び、山中の谷地《やち》と呼ばれる所に棚田《たなだ》を作った。

大汝命が掘った重い埴を段にするため運び、鉱石を含む純度の高い深紅の水銀朱（辰砂、辰朱）は調《みつぎ》として中央へ運んだ。

農耕地開拓と、調として納める重い赤土を運ぶ苦しみを代弁している。

鉄の元の字は鐵。金は金属。戈は切る。呈は真っ直ぐ。ものを真っ直ぐに切る金属の「てつ」を表す。

三節　播磨聖岡里湯川村から大河内庄小田原《ヲトラ》村、のちに小田原《おだわら》村

聖岡里《はにおかのさと》大川内村から大河内庄になった。河内《こうち》は川が創《つく》る小さな平地をいう。

「当カ国武者所　神西郡　常屋五ケ郎太夫　神西押領使　大河内左衛門蔵人」

建暦元年（一二一一）八月三日庁直散位中原（花押）

守護所左衛門尉（後藤基清）藤原（花押）

が見える。これは播磨国守護庁直連署注進状辻文書である。

正中二年（一三二五）十一月二十五日　承鎮法親王附状に、法性寺東北院領として「大河内荘」がある。

『荘園志料』上巻の粟賀荘欄に正平六年（一三五一）の文書に出づ、…粟賀荘と云ふ、とあって、その附戴《ふたい》（本文の付け足し）に、

大河内荘　神西郡比延、寺前、上岩、高朝田、宮野、小田原《ヲトラ》、鑰奥《かぎのおく》、犬見、上岡、鍛治屋、用田、為信、栃原、栗、淵、川尻、川上、眞弓、森垣一九村を總稱《そうしょう》すとある。

・鑰奥《かぎのおく》…古代小田原村の字《あざ》「登り坂」と字「尾原」の境付近にて、山裾《やますそ》が小田原川に

せまっていて、通り道がなかった。小田原川の左岸に蔦《つた》が鑰《かぎ》のように下がっているのを伝って通っていた。この鑰《かぎ》から奥のことを鑰奥《かぎのおく》と呼んでいた。現在の上小田地区である。

加西市の住吉神社（酒見社）建て替えに併せて、弘化四年（一八四七）八月に月参りの石燈籠が建立された。その基壇に寄進した村名として小田原村、鍵之奥村がある。江戸時代末期に「鍵之奥村」としていることは、小田原村も「ヲトラ村」がまだ通用していたと思われる。

○大河内庄小田原《ヲトラ》村・犬見村大川原《オコラ》

我が郷土は、湯川村から小田原《ヲトラ》村になっている。

相模国《さがみのくに》（神奈川県）の小田原は、小さい田が広がって原っぱになっているから小田原《おだわら》になったという。

石見誌《いわみし》（島根県）には、小田という名称の地域があるなか「全国にある小田という地名はアイヌ語から来ている」という説がある、と書いている。

小田原《ヲトラ》をエミシ語で見ると、小田は川の砂がたまったところでオタ（ota）といい、この場所が少し広い原っぱをパラ（para）という。小田原《オタパラ》のタパが約音便《やくおんびん》で「と」となって、小田原《ヲトラ》となったのだろうか。

大河内庄犬見村《おおかわちしょういぬみむら》に大川原《おおかわら》という地名がある。現在の「おおかわら」を昔は「大川原《オコラ》」と言っていたようで、現在でも「オコラ」で通じる人がいるとのこと。

オコラはもともと「オクラゾウ」と呼んでいたようで、全国には「オグラ」「コクラ」という地名が至る所にあって、これは木地師《きじし》が住んでいた山間部に多い。木地師の本拠地は、近江愛知郡小椋庄《おぐらのしょう》であった。

木地屋は惟喬《これたか》親王を木地屋の祖とした。親王は病を得て出家、病没された悲運の親王といわれているが、木地の良材を求めて山野を渡り歩いた山の民により、業神名「タガネツキオオミノミコト」（鏨着大使主）として崇《あが》められている。木地師は通行手形（鑑札）あるいは武家の免許状を持っていた。

「オクラゾウ」がオコラとなったのか。

小田原《ヲトラ》と大川原《オコラ》は山道で繋《つな》がっており、共通点があるようだ。

○意祁《オケ》王（のち仁賢《にんけん》天皇）と袁祁《ヲケ》王（のち顕宗《けんぞう》天皇）のオとヲ

『古事記』下つ巻に「是《ここ》に市辺王《いちのへのみこ》の王子等《みこたち》、意祁王《おけのみこ》、袁祁王《をけのみこ》、二柱《ふたはしら》」とあって、意祁《オケ》（億計・意奚）王の「意《オ》」、袁祁《ヲケ》（弘計・袁奚）王の「袁《ヲ》」は大小または長幼を表すという。意祁《オケ》（億計・意奚）のオが兄で、袁祁《ヲケ》（弘計・袁奚）のヲが弟である。

同じように、意《オ》のオが大、袁《ヲ》のヲが小を表す。

オコラと言っていたのは、オに大、コに川、ラに原をあてて大川原《オコラ》になった。

ヲトラと言っていたのは、ヲに小、トに田、ラに原をあてて小田原《ヲトラ》になった。

ところで、先ほどの天皇のことについては、市辺王皇子《いちのべおうおうじ》は第二十一代雄略天皇によって射殺された。意祁《オケ》（兄）、袁祁《ヲケ》（弟）の二皇子は、父と同じように自分たちにまで危害が及ぶことを恐れ、丹波国に身を隠した。

雄略天皇が崩御し、第二十二代清寧《せいねい》天皇が即位すると、二人は仕えていた者に身分を明かした。

清寧天皇には子供がいなかったので、この知らせを聞くと喜んで二人を宮中に迎え入れた。翌年、清寧天皇が崩御したが、兄のオケは皇位に即《つ》こうとしなかった。というのも、身分を明かそうと発案し、実際にみんなに公表したのは弟のヲケだった。

兄のオケは、弟ヲケの賢さと勇気に敬服し、早くから弟こそ天皇になる人物だと考えていた。しかし、弟も兄が皇位に即くべきだといって固辞し、二人は譲り合った。そこで、その間、ヲケの姉が政治を行った。

その後、弟ヲケが第二十三代顕宗天皇になり、兄オケは第二十四代仁賢天皇となった。

ヲトラ村は古い言葉であって、湯川の湯が出なくなったのが『播磨国風土記』完成の七一五年時より前ということから、七一五年から、そんなに長くない期間が経って、湯川村からヲトラ村に変わったと考えられる。

前述のとおり、室町時代初期（一三五一年頃）はヲトラ村であった。

その後、ヲトラ村に当てはめて小田原（オダワラ）村となった。

『播磨國慶長繪圖』（一五九六〜一六一四）には、現在の南小田区の日和地区、下庄地区、上庄地区にそれぞれ小田原村と記し、その北の石田・横瀬地区に石田村となっている。

第二章　中世の大河内庄と播磨小田原

○庄園

奈良時代、人口が増え農民に分ける土地がなくなり、西暦七二三年、三世一身法《さんぜいっしんほう》、西暦七四三年、墾田永年私財法《こんでんえいねんしざいほう》が公布され、新しく開墾した土地はその人のものとなった。貴族や社寺、豪族は農民を使って開墾し、私有地を広めていった。この私有地の庄園も初めは国に税を納めていたが、貴族や社寺に税をまぬがれる権利を持つものが現れ、地方の豪族の中には税をまぬがれるために貴族、社寺など有力なものに土地を寄付し、自分は庄官となって、その土地を利用し、収穫の一部を庄園の主に納めるようになった。

庄園の発達によって、公地公民の制度が崩れ朝廷の収入が減った。朝廷の力が弱まったのに対して、貴族、豪族は力を強めていった。

庄園に侵略という争いが起こり、その守りとする武力を持つ農民が武士化した。やがて、競って武士層の広がりをみせ、源平合戦へと進展してゆく（『郷土の歴史（山口・立野・新井）』椿野秀男著より引用）。

大化改新に始まる班田収受法《はんでんしゅうじゅほう》より新野庄、永良庄が見える。

承和三年（八三六）五月、宗康親王（仁明天皇の第二皇子）から新野の荒廃田三十三町歩を賜る。

『日本三代實録《じつろく》』巻四二　陽成《ようぜい》天皇欄に、「元慶《がんぎょう》六年（八八二）十二月一日己未条に播磨國神埼郡北河添野……」と見える。これは神崎郡福崎町より北部をさしている。

康保《こうほう》元年（九六四）十二月二十六日の『醍醐寺文書《だいごじもんじょ》』によると、「大河内庄三百石を守護が押領した」とある。

正中二年（一三二五）『承鎮法親王附属状《しょうちんほうしんのうつけたり》』（承鎮法親王は鎌倉時代の僧で、父は彦仁《ひこひと》王・母は藤原公親の娘）に、大河内庄は法性寺《ほっしょうじ》東北院領だったが、播磨の豪族・赤松氏の領地となった、とある。

なお、荘園の「荘」は田の基地に設けられた屋舎をいう。庄園の「庄」は田地、溝樋、庫屋、農具、耕人などの総体をさすときに呼称する。

一節　赤松氏と新野宝篋《ほうきょう》印塔《いんとう》と護良《もりなが》親王

元徳元年（一三二九）十二月、後醍醐天皇の皇子・尊雲法親王（のちの護良《もりなが》親王）は天台宗座主《ざす》。赤松則祐《のりすけ》（十六歳。赤松氏四代当主・赤松則村《のりむら》〈円心《えんしん》〉の子）、小寺頼季《こでらよりすえ》（赤松氏の庶流）と共に随侍《ずいじ》する。のち則祐は天台宗から禅宗に傾倒し、二条派について和歌を学ぶ。

元弘元年（一三三一）元弘の乱により、則祐と小寺は護良親王に従い比叡山より奈良に落ちのびる（太平記）。

元弘二年（一三三二）三月、鎌倉幕府が後醍醐天皇を隠岐《おき》に配流する。
十一月、尊雲法親王は還俗《げんぞく》して名を護良と改め、吉野に挙兵。
十二月、則祐は護良親王（大塔宮）の令により播磨へ帰郷。則祐の父・則村（円心）は赤松村の苔縄山《こけなわさん》に築城。

元弘三年（一三三三）一月二十一日、則村は護良親王に応じて播磨国苔縄城にて兵を起こす。
二月二十一日、護良親王は播磨太山寺《たいさんじ》宗徒に令を下し、軍勢の苔縄城（赤松城）への参集を促す（太山寺文書）。

閏《うるう》二月、護良親王は吉野を下り、則祐と共に高野山に逃げる。

六月五日、後醍醐天皇は隠岐を脱出し京都に還幸。護良親王は大和・河内国境の信貴山《しぎさん》に蟄居《ちっきょ》。

十月十三日、護良親王は征夷大将軍に任じられ、入京。則村が先導役。


建武元年（一三三四）二月、新田義貞《にったよしさだ》が播磨国司となる（太平記）。

六月頃、護良親王と足利尊氏《あしかがたかうじ》の対立深まる（『播磨赤松一族』濱田浩一郎著より）。

十一月、護良親王、鎌倉配流。


建武二年（一三三五）護良親王、足利直義《ただよし》（足利尊氏の弟）に殺される。

十月、足利尊氏、鎌倉に挙兵。


建武三年（一三三六）尊氏上洛。

一月、尊氏敗退。

二月、室津軍議にて「播磨は赤松」の文言。

三月、円心、白旗城籠城。

五月、湊川合戦《みなとがわ》。

八月、光明院即位・北朝成立。

十一月、室町幕府成立。円心、室町幕府・播磨守護職。

暦応元年（一三三八）新野御所谷《にいのごしょだに》の宝篋印塔の礎石正面に「暦応元年戊寅十月晦日敬白」。

※宝篋印陀羅尼経《ほうきょういんだらにきょう》は、宝篋印陀羅尼経を納め死者の冥福を祈るための供養塔である。本来は「宝篋印陀羅尼」と呼ばれた。

四十句からなる呪文《じゅぶん》を納めるための方形の塔をいっていたが、日本に来ると呪文の有無にかかわりなく、様式をまねたものを宝篋印塔と呼んだ。

江戸時代以降は墓標として用いられるようになった。

塔の四面に四仏の種字（梵字《ぼんじ》）が彫ってあるのが普通である。

石造の遺品はすべて鎌倉時代以降で、墓標としては皇子、公卿、女院及び武士などに用いられている。

陀羅尼経の功徳は「七度唱えれば地獄の門が開かれ、生前の悪行を重ねて地獄に落ちた人も菩提への道が開け極楽門に入ることができる」という（『郷土の歴史』（前掲）より引用）。

新野御所谷の宝篋印塔の四面に金剛界の四仏種字（梵字）で、ウーン（阿閦《あしゅく》如来）、タラーク

（宝生《ほうしょう》如来）、キリーク（阿弥陀《あみだ》如来）、アク（不空成就如来）の一文字ずつが彫刻され、「暦応元年戊寅十月晦日敬白」と刻印銘がある。

願主、願文、大工名等がない。

護良親王は足利尊氏（直義）に殺されたから、極秘に葬ったと思われる。赤松則祐は十七歳のとき護良親王（天台宗座主）に仕えた天台僧であって、「播磨国守護赤松妙禅律師則祐後醍醐御門（帝）」とある。

暦応元年（一三三八）には則祐は二十五歳、則村（円心）は六十歳になっており、親子で新野宝筺印塔を建立した。

建立理由として「護良親王三年回忌の追善塔」（供養塔）になっている。足利尊氏に対して極秘にする「暦応」という北朝の年号を使うのは、北朝方である則祐・円心にとって当然のことである。

新野御所谷の経塚

※経塚とは仏教経典を供養して地下に埋めた所をいう。

平安中期以降、末法《まっぽう》思想が天下に流布した。天災地変、疫病、戦乱が続くのはこの世に仏様がいらっしゃらないからで、人間がどんなにもがいても仕方がない、仏の出現を待つしかない、というのが末法思想である。

釈迦入滅後一〇〇〇年を正法《しょうほう》、次の一〇〇〇年を像法《ぞうほう》、その次の一万年を末法《まっぽう》に入るとするもの。五十六億七〇〇〇万年後の弥勒《みろく》菩薩の出現を待つという信仰を強め、ついに埋経《まいきょう》という手段になって地下に埋めたのが経塚である。

埋経には、在地豪族で末法思想を信じた階層の経済的援助が必要だった。

円筒形の経筒に紙に墨書きしたものを納めて、地下一、二メートルの所に安置し、魔除けとして刀剣、鏡などを置き石蓋をし、盛り土して、まんじゅう型にする石塔を置いたものもある。

経塚と思われる所も、盗掘後かもしれないし、経塚でないかもしれない。

新野字御所谷の尾根の聖地にある経塚からは経筒一個、高さ二十四センチ、直径十二センチで約八〇〇年前と推定されるものが見つかり、写経が紙に写されたのか、紙がこげ茶色に変色している。木片十七枚ほどが出土している。

経塚より二メートル離れた所に経塚の蓋石があって、その周りに割石を積み上げている。盛り土は無くなっている。盗掘後のようである。

昔、御所ノ坪（現・市川町沢）にやって来た僧がこの地で亡くなったので、僧が持っていた経典を経筒に入れ、御所山中腹の御所谷に納めたという伝説があるという。

筆者は御所谷の経筒の願主は、この地の豪族であって、天台僧でもある赤松則祐、円心親子が結縁人《けちえんじん》で、もともと親王家（宗康親王）の領地であったこともあって、護良親王の供養のため納めたものであると思慮する。

他に新野御所谷の五輪塔（数個の空風輪）、御所谷遺跡、北野遺跡（古墳時代の須恵器《すえき》出土）、清水山遺跡、清水山古墳、新野山根古墳等がある。

※五輪塔は空輪（宝珠形）、風輪（半月形）、火輪（三角形）、水輪（円形）、地輪（方形）の一部分が別々に積み上げられてある。

○香呂新野《こうろしんのう》（親王）垣内《かいち》

香呂須加院の新野垣内は、後醍醐天皇の孫で護良親王の御子の陸良《りくよし》親王ゆかりの地という。

赤松則祐は陸良親王を赤松宮（弥高親王ともいう）として奉じ、文和元年（一三五二）弥高山仙源寺（姫路市砥堀）を出発し、貞和五年（一三四九）足利直義が築いたという金剛寺（福崎町）へ直義援軍として向かったが、伊勢山（香呂）まで来たとき、則祐は足利義詮《よしあきら》を救うため上洛し、寝返って赤松宮を見放すこととなった。

この縁から奥須加院に親王塚が建てられたのだろう。以来「親王垣内」と呼ぶようになった。

明治維新の頃、親王垣内は「新野垣内」に改められた。

文和四年（一三五五）五月二日、大河内庄は醍醐寺領となっている。「大河内庄三〇〇石が播磨守護に横領された」とある。換算すると五十〜一〇〇町歩の田となる。

赤松氏被官によって横領されたというが、赤松円心則村は〝悪党〟ではなく鎌倉御家人である。

なお、赤松氏の本拠地は、佐用庄（現・佐用郡・赤穂郡・宍粟市）で九条家領であった。佐用庄には、赤松氏の名字を地名にした赤松村がある。

西暦一三〇〇〜一四〇〇年、この頃「バリア海退」（気候冷涼化〇度〜一度）があり、農業生産後退、食料欠乏、飢餓の慢性化の世であった。

二節　南北朝・播磨大河内（現・神河町）合戦（第一次）

後醍醐天皇と足利尊氏の決裂による対立が南北朝で、南朝方は後醍醐天皇・但馬勢。北朝方は室町幕府（足利尊氏）・赤松軍。

○北朝方（年号は北朝暦）

貞和五年（一三四九）八月、赤松円心は足利尊氏（北朝方）の命により、足利直義党（尊氏の弟・南朝方）として、長門探題・足利直冬《ただふゆ》が東上するのに備え、播磨船坂峠に兵を配した。

観応元年（一三五〇）一月十一日、円心、没（常楽記）。

七月十八日、赤松範資《のりすけ》、惣領職を継ぐ・播磨守護。

十二月二十日、赤松則祐、後藤基景、島津忠兼は尊氏軍に加入（後藤文書　足利尊氏軍勢催促状）。

観応二年（一三五一）一月十日、範資（摂津）は尊氏に味方し直義軍（南朝方）と戦う（園太暦）。

一月二十日、尊氏は直義軍に敗れ、京都より丹波、播磨の書写坂本城に陣する（広峯文書）。

四月八日、範資は京都七条邸で急逝。播磨守護・則祐、兄貞範《さだのり》との競合。

七月十三日、足利義詮（尊氏三男・北朝方）が播磨に向かう（園太暦）。

七月二十一日、則祐は、幕府の実力者・近江守護の佐々木道誉《どうよ》と呼応し、南朝に帰順し、幕府に対抗した。これは、尊氏と通じたうえでの直義派（足利直義・福崎金剛寺建立）を攻撃する策略であった。

護良親王の遺児・赤松宮（陸良親王）を播磨に迎える。

七月二十二日、直義党の赤松貞範、京都を去る（貞範は丹波安田寺領春日部庄を横領、十五世紀まで続く・春日部派）。

八月七日、則祐は禁制に南朝年号の正平を使用する。

九月十一日、尊氏は直義を討つため、安積盛兼を近江に呼ぶ。

九月十二日～二十九日、則祐は、後藤基景らを随《したが》え、東播・北播において直義党と戦う。

十月、尊氏、京を出る。

十一月二日、則祐は上洛し、南朝方と和議をはかる。

同七日、尊氏は後村上天皇の南朝方に帰服し、北朝第三代崇光《すこう》天皇が廃位される。北朝の三種の神器（偽造）は南朝の後村上天皇のもとに収められる。

北朝軍：尊氏・赤松則祐・後藤基景・島津忠兼・安積盛兼。

○南朝方（年号は南朝暦）
足利直冬党（南朝方）の但馬勢は、当時長氏《ちょう》と山名《やまな》氏がお互い均衡した実権を持っていたようだ。


正平六年（一三五一）八月〜正平八年（一三五三）四・五月、今川頼貞《いまがわよりさだ》、但馬国守護職補佐になる。その後、但馬国守護職補佐高師詮《こうのもろあきら》になる。

直冬軍は、足利直冬・今川頼貞または高師詮・長長連《ちょうおさつら》・山名時氏《ときうじ》・部将石塔右馬頭頼房《いしどううまのかみよりふさ》（大河内城）。

直義党に属する長門探題・足利直冬が東上して来た。直冬党には但馬勢がついた。

十二月二十一日、後藤基景《ごとうもとかげ》が赤松則祐の田原（神崎郡福崎町）の陣に馳せ参じた。

十二月二十九日、赤松則祐と足利直冬党との**播磨大河内合戦（第一次）**となった。大河内城が攻防の舞台となっていて、同城は寺前城のこと。則祐の従軍・後藤基景は矢に射られて負傷した。

播磨大河内合戦（第一次）の戦況の詳細は不詳なれど、この戦いで最明寺が焼失した。


翌年、一時的な南北朝の合一は破れ、十二月二十九日の大河内合戦は、但馬と播磨の領地争いだった。

三節　南北朝・播磨大河内合戦（第二次）

北朝観応三年・南朝正平七年（一三五二）三月五日、則祐は義詮を救うため上洛し、寝返って赤松宮を見放すこととなった。則祐、幕府に帰属。

同年三月十七日、摂津守護・赤松光範は森本基長らと楠木《くすのき》正儀《まさより》（楠木正成《まさしげ》の子）と神崎に戦う。

同年六月十四日、則祐、播磨守護職補佐。

同年九月二十六日、則祐は南朝軍と播磨国賀屋新荘（飾磨《しかま》夢前《ゆめさき》）に戦う。

北朝九月二十七日に改元して文和元年十二月八日、則祐は南朝軍と再び播磨国賀屋新荘（飾磨夢前）に戦う。

北朝軍：足利尊氏・赤松則祐・赤松直頼・後藤基景・広峰則長・島津忠兼・その子忠親
安積盛兼・大塩兵衛二郎・妻鹿好三郎・和田与一

南朝軍：足利直義・直冬・長長連・山名時氏

赤松則祐と但馬勢の長氏・山名氏との**播磨大河内合戦（第二次）**となった。

播磨大河内合戦（第二次）の戦況の詳細は不明。

八月、山名時氏・師義《もろよし》父子が南朝に帰順し、法楽寺を襲った。後藤基明は大河内城に攻め込み大いに戦って、足利義詮の賞するところとなった。

これより大河内城は則祐の子・播磨守満則《みつのり》の居となり、大河内庄及び越知谷村を領した。

また、満則は加谷宮野辺城を築いた。

文和二年・正平八年（一三五三）二月、但馬・丹波の南朝軍が、北朝に寝返った赤松則祐の上洛を牽制するため、神崎郡に侵入した際、赤松則祐配下の後藤基景が法楽寺（神河町中村）搦手《からめて》として活躍している（安積文書・後藤文書）。

文和三年・正平九年（一三五四）十二月十三日、山名軍七〇〇〇騎が播磨に侵入したため、赤松軍は宇野弾正忠や赤松四郎兵衛、後藤基景、得平因州、安積盛兼、広峰則長らの郷士勢が法楽寺に拠《よ》って迎撃した。

赤松直頼（本郷）が真弓峠で山名時氏を撃退した。赤松正頼は大山城（神河町大山）を貞治元年（一三六二）に築城した。ここからは生野峠や鶴居城を遠望できる。

康安元年・正平十六年（一三六一）七月十三日、山名伊豆守時氏、嫡子師義、次男義理、舎弟中務大輔氏冬は京都を発って、出雲、伯耆、因幡に帰った。

赤松筑前入道貞範は播州に居た。庄山城（姫路市飾東町）は赤松貞範によって築城された。

同年七月、自国に帰った山名時氏は、赤松被官のいる岩木仙城（美作国勝田郡）、篠向山城（美作国）、大見丈城（勝田郡）、菩提寺城（勝田郡）、小原城（英田郡）、大野城（英田郡）、林野城（英多郡）、三星城（勝南郡）をことごとく討ち滅ぼした。

この攻撃に対し、赤松貞範は一矢も射ずに降参した。

残るは、倉懸城一つとなった。

山名時氏は三千余騎にて倉懸城に押し寄せ、四方の山々峰々に陣をとった。

赤松貞範は、則祐、氏範、光範、師範、直範（本郷）、佐用、上月、宇野の一族二千余騎にて高倉山（現・智頭《ちず》急行の高倉トンネル）の麓に陣を取って、山名氏が倉懸城を攻めれば、その背後を攻めるという計画をしていると、山名側は山名右衛門佐師義が兵八百余騎を率いて、遊軍となって、敵が近づくであろう所で待機していた。

赤松軍は山名右衛門佐師義が小勢であるとわかったので、まずこれを討とうと出立しようとしたところ、味方の阿保《あぼ》備前入道信禅（直実《ただざね》）が寝返って播磨国から国境を越え但馬国の長左衛門と一緒になって、敵方として播磨国へ侵入しようとした。

そこで赤松軍は加西の法華山一乗寺に城を構え、福崎田原に陣を布《し》き、大山（神河町大山）越えの路を塞ぎ、他の五か所に兵を差し向けた。長左衛門・阿保備前入道信禅軍は前方の山名軍と戦うには軍勢が少なく、但馬国へ後退しようにも、山名軍本隊がいて、進退にとまどっていた。

赤松軍が五か所に兵を差し向けた一か所が市川沿いの長谷、淵、川尻、真弓の路《みち》であって、小部隊の通過が可能であったから山名軍との小競り合いの合戦になったのであろう。合戦の詳細は不明。

そうこうするうちに、倉懸城は兵の数多く、兵糧が少なく、また中国の大将・細川頼之に依頼し、備前、備中《びっちゅう》、備後《びんご》の軍勢の援軍を期待したが、これもなく、矢尽きて十二月四日落城した。

長《ちょう》五郎左衛門義季《よしすえ》は、当時の但馬国の地頭として支配していた一人である。

長氏族の長兵衛尉信連は、後白河院に仕え、鎌倉幕府の御家人に列し、能登国能登郡の地頭職《じとうしき》であった。長越前守という。

子孫には、朝連・義連・政連・長連がいる。

長長連は能登国から流れて来て、但馬国土田郷の地頭になる。

新田義貞の弟・脇屋右衛門佐の軍勢の中に長九郎左衛門尉がいた。

建武四年（一三三七）正月二十二日「将軍家御代始御的」とし、その五番に長九郎左衛門を見る。

長氏は但馬の伊達氏と行動を共にしていた。しかし、長氏は南朝方のままだったが、伊達氏は北朝方になった。

但馬では、長氏が幕府の御家人であることからか、この時期は長氏が足利一門の山名氏と対等以上の振る舞いになっていた。なお、長氏は室町幕府でも奉公衆で長駿河守であった。貞治六年（一三六七）、長道全、但馬国守護就任。

○阿保《あぼ》（安保）氏

阿保（安保）氏は、武蔵七党の丹党に属する武蔵武士である。鎌倉御家人として、武蔵國賀美郡安保郷を支配していた。南北朝時代には、惣領光泰（光阿）の子息泰規、直実《ただざね》、行経等がいた。

阿保備前入道信禅（直実《ただざね》・忠実。この時の官途は備前権守・左衛門尉）は、所領を分与されることすらあやぶまれた人物であったが、執事高師直《こうのもろなお》の御内としての後ろ楯があった。

阿保一族の播磨においては、播磨国賀古庄、這田《はうた》庄（三木市）、石作庄（安富町と山崎町の境）、志方郷（志方町）、須富庄（加西市）、在田上庄（旧神崎郡神崎町付近）等を領していた。

文和三年（一三五四）五月十八日付け文書に、高野山金剛三昧院領播磨国在田上庄（旧神崎町字加納）は在地の武士によって押領されていたのをやめさせる御内書がある。

庄主の僧・道俊房が下向して支配しようとしたが、阿保直実の代官・長浜七郎左衛門尉（安保一族）が乱暴を続けていた。高野山から足利尊氏に訴えが出されたので、尊氏は播磨守護赤松則祐に乱暴をやめさせるよう命じたものである。

永正年間（一五〇四〜一五二〇）、赤松義村《よしむら》についた後藤尚基の子・後藤純基、その子基次、政村が大功をたて、加納村を知行した。のち大塚氏を称した。大塚一族の藤尾氏は、のちに香呂村に移った。

但馬国では、但馬国軽部庄（旧養父郡養父町、現・兵庫県養父市）、日置郷を領していた。但馬国住人の加湯彦太郎氏の娘を妻としている。

播磨北部と但馬の国境を越えて、但馬へ馳せ参じたのだろう。

阿保直実は、赤松方に属していたが、もともとは赤松氏の支配に抵抗せんとしていた。

四節　赤松大河内播磨守満則《みつのり》（則祐三男）夢前前之庄《ゆめさきまえのしょう》　天神山城主

夢前前之庄天神山城主・赤松則祐の三男満則が播州大河内庄を与えられて、大河内城主初代大河内播磨守満則（大河内右馬頭）になった。大河内庄と越谷（越智谷村）を兼ねた。満則はまた、賀屋宮野辺城（姫路夢前）を築いた。

則祐の居城は天神山城（飾磨前之庄字道上二四一三）で、海抜二五〇メートルの山上にあった。

天神山城から大河内城へは新庄、立船野、熊部を経て宮野峠を越えて、山野神社に出て大河内庄宮野村に来ていたのだろう。

また、新庄、河原川沿いを通って、うつぼが関を越え、大河内庄高朝田村に出た。一方河原川沿いを通って、河原山麓地を経て、亀が壺を越え、新野村に出ていたのだろう。

二代目は則祐養子・河内四郎友則が天神山城主、三代目河内次郎民部少輔満政《みつまさ》が天神山城主となって大河内庄を治めた。

満政は、至徳三年（一三八六）生まれ。聡明で歌道、書道にも秀で、将軍義教《よしのり》の近侍に仕え、将軍義政に寵愛《ちょうあい》され赤松刑部太夫満政、赤松播磨守満政を称す。嘉吉《かきつ》の乱には幕府軍に加わって満祐《みつすけ》を討ち、赤松惣領家と離反していたが、その後赤松家六代目惣領となって、赤松家復興のため、文安元年（一四四四）十一月、一族を率いて播磨に下り、翌文安二年（一四四五）正月、三草山《みくさやま》城（加東郡社）に山名討伐の兵を挙げたが敗北して、有馬の赤松持家《もちいえ》を頼ったが持家の裏切りに遭い、翌文安三年（一四四六）三月、満政・満《みつ》直《なお》父子は持家に殺される。

若党の首級百数十と共に京に送られ、ここに大河内赤松家は滅亡する。

満政に子がなく、義則《よしのり》の末っ子則繁《のりしげ》を養子にし、繁弘と改め、さらに満直となって後を継ぐ。

四代目満直は享徳年中（一四五二〜一四五四）に志方庄に移った。

応永二十九年（一四二二）、赤松満祐が坂本城（姫路市書写）を築城する。

永享元年（一四二九）一月二十九日、播磨で土一揆が勃発し、各村で処分者が出た。

五節　山名氏と赤松氏

○播磨守護山名氏

山名氏は関東の新田《にった》から出た。生野銀山の戦国時代統治者は山名時熙《ときひろ》であった。

嘉吉《かきつ》元年（一四四一）六月二十四日、赤松満祐は将軍義教を殺して嘉吉の乱を起こした。

八月二十八日、阿波守護細川常吉を総大将とする北朝但馬守護の山名持豊《もちとよ》軍三万騎が大山口に殺到し、赤松軍の義雅・龍門寺直操《ちょくそう》・上月氏・内藤氏・高橋氏・粟生田《あおた》氏等を破った。

八月二十九日、粟賀に侵入。

八月三十日、田原口で赤松勢を撃破した。

先の天神山城が落城する。

乱後の十月二十八日には、播磨守護山名持豊（宗全《そうぜん》）がなった。

この頃、文安三年（一四四六）の日吉神社所蔵・懸仏の背銘に、願主として「小田原左衛門」がある。

嘉吉元年（一四四一）～享徳三年（一四五四）まで、播磨守護・山名持豊（宗全）

嘉吉三年（一四四三）、竹田城主初代太田垣光景

享徳三年（一四五四）～長禄二年（一四五八）、播磨守護・山名教豊《のりとよ》

長禄二年（一四五八）～応仁元年（一四六七）、播磨守護山名持豊

寛正六年（一四六五）、竹田城主二代太田垣景近

○真弓峠合戦と太田の滝

応仁元年（一四六七）～文明十六年（一四八四）、赤松政則が播磨守護。

応仁元年（一四六七）五月十日、赤松政秀が真弓峠で太田垣新兵衛と戦う。

文明十一年（一四七九）、竹田城主三代太田垣宗朝。

文明十五年（一四八三）十二月十六日、山名政豊《まさとよ》が播磨に侵入。赤松政則は、自身のかつての所領であった但馬国朝来郡の奪還に一五〇〇騎を率いて置塩城《おしおじょう》をたち、十二月十

八日本陣は粟賀庄に着陣した。

政則軍はさらに北進し、但馬国境の真弓峠に攻め上った。先陣として、赤松伊豆守（春日部）孫次郎元祐が真弓峠に堀切・塀を設けた。時期は冬、雪が草木を埋めて、谷も峰も分明しない。赤松勢は寒風を避けて、日向や風当たりの少ない地点を求め、また水の便を求めて陣を張っていた。

二十五日未明、山名政豊（子・俊豊《としとよ》）幕下の垣屋越前守を大将とする但馬勢二千余騎が強襲した。

積雪のため身動きもままならず、長良・本郷などの武将三十四人を含む三百余人の者が討死《うちじに》した（備前文明乱記）。

置塩の幕下としては、相当羽振りをきかせていた瀬加山城主の赤松一族・太田道祖、太田源太夫の父子がいた。子の太田源太夫が出陣し、搦手の大河内小田原の山中にいたが、耐え切れず翌年正月六日、太田源太夫は守本尊を首にかけ、滝に投身死した。

その後、この滝を「太田の滝」と呼ぶようになった。

太田の滝は皇軍武運長久水垢離《みずごり》祈願（写真）のとおり岩肌の滝全体に雑木は生えていなかったが、現在、滝壺からは雑木があって水の流れが見えない。令和四年に雑木が伐採されたので、冬の氷瀑に期待している。

太田の滝へのルートは、関西電力揚水ダムの上部ダムから標識に沿って下っていくと滝に出るが、県道八号線（加美山崎線）から登るルートが現在不通になっている。元の山歩道を復活していただきたい。

旧太田ノ瀧。皇軍武運長久水垢離祈願。於南小田太田ノ滝在郷軍人青年団

赤松は大敗を喫して播磨から没落し、堺にいるとも、高野山にいるともという噂《うわさ》が流れた。

真弓峠の戦いに勝利した但馬勢が南下し、播磨国に侵入していった。

文明十六年（一四八四）九月二十九日、赤松政則は幕府に出征し、義尚が政則の家督復帰を認める。

赤松軍は有馬郡に逗留《とうりゅう》。

文明十六年（一四八四）十月十一日、播磨は山名氏によって占領されている。

十二月十一日付、山名政豊から山内新左衛門尉豊成に宛てられた知行宛行状。播磨国佐用郡宇野庄内、加古郡野口内…（『山内首藤家文書』）

文明十七年（一四八五）三月四日、加東郡光明寺に着陣。
赤松軍：七条家、春日部家（永良）、宇野越前守、上月四郎、得平因幡守別所則治等
山名軍：山名政豊、垣屋（垣屋播磨守・但馬守護代・山名四天王の一人・他の三人は八木、田結庄、太田垣）勢、山内首藤豊成
文明十七年（一四八五）三月二十七日、赤松軍が蔭木城《かげきじょう》攻撃。
三月二十八日、蔭木城落城。

○**蔭木城合戦**

赤松軍は三百五十余の頸《くび》を奪い**蔭木城合戦**に勝利し、播磨支配に復帰する大きなきっかけとなる（蔭木城の所在地は岡城〈現・小野市〉と思われるが特定されていない）。

赤松七代惣領・赤松政則が勢力を盛り返し、但馬に敗走する山名政豊軍を追う。

山名政豊は但馬に撤退した。政豊に従うのは、田公豊高《たぎみとよたか》父子とその寄子・馬廻衆十人ば

かりにすぎなかった。政豊は此隅山城《このすみやまじょう》に帰れず、正法寺（現・豊岡市）に入った。

蔭木城合戦に大敗した但馬勢は、垣屋氏はじめ国人衆二十六人は政豊と田公氏に反対して、政豊嫡子の俊豊を擁立しようとした。

この後も山名氏は続くが、地位は次第に名目だけのものとなる。国人衆のなかにも中心勢力は生まれず、但馬の政局は混とんとした。

文明十七年（一四八五）十二月十三日付、山名政豊から山内新左衛門尉豊成に宛てられた知行宛行状　播磨国飾東郡国衙内…。（『山内首藤家文書』）

長享二年（一四八八）十二月三十日付、山名政豊から山内新左衛門尉豊成に宛てられた知行宛行状。備前国伊予地頭…。（『山内首藤家文書』）

（無年号）八月十一日付、山名政豊から山内新左衛門尉豊成に宛てられた知行宛行状。播州多可郡内瑞光寺領、揖西郡内布施郷領、佐用郡内時安郷…。（『山内首藤家文書』）

延徳四年（一四九二）九月三日付、同年九月五日付、無年号八月二十日付、山名俊豊から山内大和守豊成への発給文書三通。（『山内首藤家文書』）

山名俊豊は山内首藤豊成の知行分の宛行を約束するとともに「判形」することを約束している。判形とは書き判のこと。白紙に花押《かおう》のみを据《す》えたもののこと。白紙委任状のこと。山内氏は備後国国人でもあり、備後国守護代を歴任していた。山名氏にとっても、山内氏は重要な存在であった。


長享二年（一四八八）七月十九日、赤松軍は大河内で山名軍の首十を奪う。

七月二十日、赤松軍は広瀬城（姫路市香寺町）で首五、但州丸山（生野町円山）で首十七を討ち取った。

赤松政則は播磨を回復する。


永正九年（一五一二）十月二十六日付、山名誠豊《のぶとよ》から山内新左衛門尉豊成あてに、太田垣氏が備後国守護代に就任したことを伝えている。


播磨国守護・赤松義村が老臣浦上村宗《うらがみむらむね》に謀殺され、義村の遺子政村は淡路国に逃れた。やがて正村派の旧臣が決起し、実質的に村宗が支配する播磨国に攻め入った。

この混乱に乗じて山名誠豊が第二次播磨侵攻となった。

この時、山名誠豊は赤松旧臣の赤松村景と通じていた。

大永元年（一五二一）竹田城主四代太田垣宗義。

大永二年（一五二二）十月二十四日、神崎町法楽寺（現・神河町）に山名次郎誠豊は陣を構え、その一部は永良口から侵入し永良城（市川町）に入った。

このとき山名氏被官・牧田若狭守祐盛も従軍する。

十一月十一日には広峰に陣を布《し》いたが、翌大永三年（一五二三）十月、書写山合戦で浦上軍に敗れ但馬に退却した。

山名軍の播磨侵攻の侵入路は生野街道であった。生野から市川沿いに侵入（但馬道）してくるのは小部隊であって、搦手からの奇襲用抜け道とし、旧大河内側は小競り合いの場となったのであろう。

赤松家九代惣領・赤松晴政（政村）の時、出雲の尼子《あまご》詮久《あきひさ》（のちの晴久）が天文六年（一五三七）十二月に播磨に侵入、天文八年（一五三九）十二月、英賀城《あがじょう》（姫路市）を攻略した。

このため播磨は、赤松・浦上・尼子に三分された。赤松家は神西・飾東・飾西の三郡のみになった。

赤松家十代惣領・赤松義祐の時、三木の別所、御着《ごちゃく》の小寺氏、姫路の黒田氏、竜野の赤松、室津の浦上と割拠するようになった。

○寺前城、大嶽山城（柏尾城）、戌亥城（長谷）、小田原構《かまえ》

永正九年（一五一二）　播磨寺前城主　粟生田次郎左衛門尉・粟生田丹後入道。

天文七年（一五三八）　竹田城主五代太田垣朝延《とものぶ》。

天文十三年（一五四四）大河内阿波守（はじめ右衛門尉）・本姓日下氏、庄園名を名字とする。正月二十七日、赤松被官人の大河内阿波守が最明寺（現・寺前）で戦死。最明寺の焼失はこの時か。

永禄年間（一五五八〜一五六九）寺前城主　赤松幕下本郷伊豆守　大河内右衛門尉。大河内河内守（養子粟生田信濃守の子）。

永禄年間（一五五八〜一五六九）飯盛山城主　赤松幕下高橋備中守　高橋備前守広継。

永禄十二年（一五六九）九月二十九日、三木の別所安治が多可郡野間（現・八千代町）の在田氏（赤松朝範か）を攻めたとき、赤松伊豆守政祐（晴政のこと）が法楽寺に陣取る。

永禄元年（一五五八）三木城主・別所則治が東播磨守護代だった。

永禄年間（一五五八〜一五七〇）播磨大獄《おおたけ》（柏尾山城・柏尾城）城主　粟生田宇右衛門尉。

永禄二年（一五五九）**上月源蔵景光討死**、谷城落城。谷村新田古戦場。

谷城（市川町谷）の城主は、赤松氏に従った永良雅親で、鶴居城（稲荷城）の城主を兼ねる。

永禄七年（一五六四）八月十三日、大嶽山城主・粟生田信濃守、没。粟生田阿波守・粟生田佐吉が継ぐ。

永禄十年（一五六七）四月十八日、大河内城（寺前城）藤兵衛尉、於大河内城支城の戌亥城（現・長谷）で討死（赤松晴政の被官）。晴政がその子義祐と対立したことにより没落。

永禄十二年（一五六九）八月一日〜十三日、木下藤吉郎、第一回目の但馬侵攻。生野銀山、対山名祐豊。

元亀元年（一五七〇）播磨小田原構《かまえ》

元亀二年（一五七一）十月十一日、大嶽山城主・粟生田佐渡守、対長良討死。十月十三日、**上月源助景村（上月平左衛門の祖父）**が粟生田猪右衛門を討ち取る。

元亀三年（一五七二）　曹洞宗・大林寺開基。

○小田原　曹洞宗　大林寺

曹洞宗《そうとう》の教祖道元は天台僧となり、比叡山で修行したが、山をくだり建仁寺で栄西《ようさい》の指導を受け、その後中国に渡り禅の修行をした。

禅は梵語で言う「ジャーナ」を中国語で「禅那」といい、略して禅と呼ぶ。

自分の心の本源を知り、真理を悟ろうとする宗旨であって、仏の心を直接人の心に伝えるという。

以心伝心を重んじ、釈迦が悟った境地を衆生の心に伝えることを眼目とする。また、坐《ざ》禅《ぜん》をおさめる宗教という意味で禅宗という。

曹洞宗の宗名の起源は、中国の慧能禅師が曹渓山で法を伝え、その法孫・良价大師が洞山について道を広めたので、曹渓山と洞山の冠字をとって曹洞宗と称えた。

道元禅師が『禅観座禅儀』を著し曹洞宗の宣言書であった。寛元二年（一二四四）、越前に永平寺を建立し禅の修行場とした。

後円融《ごえんゆう》天皇が「日本曹洞第一道場」の勅額を下賜された。

曹洞宗は越前永平寺派と横浜総持派の二派がある。大林寺は越前永平寺派であって、黄梅山大林禅寺という。

大林寺の梵鐘、縁側の小梵鐘は、戦争にあたり弾丸製造のため供出しなくて良かったものと思われる。理由は江戸時代（一六〇〇年）以前のものは歴史的保全の見地から保存することとなったのである。

真言塔　南無大師遍照金剛（台銘にある大正十二年・一九二三）
天正元年（一五七三）　大将軍神社の絵馬　奉納山内四郎平氏
天正年間（一五七三～一五九三）　川辺城（市川町東川辺）の大野七郎左衛門、岩崎六郎左衛門が居た。

○小田原　大将軍神社

大将軍神社本殿の建物は明治時代の建物という。また、立岩神社の御旅所でこの本殿は神輿蔵という。隣に大日堂があって大日さんのお社の真下、二段になって一階部分に牛像が祀ってある。

隣に大日如来・牛像を祀って、本殿は御旅所の神輿蔵というのは疑問である。

農耕の最高の宝である牛と、密教で最高至上の根本仏である大日如来とを結びつけて牛の神様としたようだ。大日如来は牛の神様ではない。大日如来は太陽である。

大日如来は仏様である。よって摂社のように祀られたようだ。

神社名を大将軍神社としているので祭神を大将軍神とし、方位、厄除けの星神様とするのが通常である。

大将軍八神社によると、大将軍神は江戸時代に変更されて、素戔嗚神《すさのおのかみ》と同じ神になったという。

牛像を「お牛様」としてお祀りしたかったのであるなら、「お牛様」は大宰府《だざいふ》に左遷させられた時に牛車に乗られた菅原道真公をお祀りしているのか、牛ということから牛頭天《ごずてん》王《のう》かもしれないが、牛頭天王の容姿は頭に牛の角、顔は鬼のようで、身体は筋肉隆々ふんどし姿、足の指は二つに分かれ牛のような爪がある。この牛像のような尻尾はない。

牛頭天王は神仏習合の神で、神名は素戔嗚神、仏名は薬師如来という。

大将軍神の素戔嗚神と「お牛様」の素戔嗚神が共通している。

大将軍神社の祭神は大将軍神・素戔嗚神と言える。

これまでは筆者が推考したことで、宮司さんにお尋ねすると、大将軍神社の祭神は柿《かきの》本人麻呂《もとひとまろ》とのこと。

大将軍神社には天正元年（一五七三）に奉納された山内四郎平氏の絵馬がある。これより以前に建立されたお宮である。

六節　豊臣秀吉と播磨国大河内周辺の城主

安土・桃山時代前期（一五七七〜一五七八頃）の播磨国大河内周辺の豪族の動き

織田方
姫路城　　豊臣秀吉
置塩城　　赤松則房《のりふさ》
（赤松家十一代惣領が天正五年〈一五七七〉、秀吉に降伏した）
この後、則房と父義祐との親子対立によって、父が別所長治を頼って一時期三木に滞在した。

播磨飯盛山城預り　高橋四太夫
（父高橋文右衛門、祖父柏尾猪兵衛、母方祖父高橋四郎太夫）
播磨大嶽城（柏尾城）粟生田左吉　天正六年（一五七八）落城
播磨寺前城（城山城）大河内三十郎
御着城　小寺政職《まさもと》　小寺孝高《よしたか》（黒田職隆《もとたか》の嫡男・黒田官兵衛）

龍野城　赤松広秀
（当初は毛利方であったが織田方へなびく）
（天正五年〈一五七七〉十二月四日、龍野城降伏）
美作国竹山城　新免伊賀守宗貫

毛利方
竹田城　太田垣朝延
上月城　赤松政範
播磨福原城　福原則尚
播磨高倉山城　赤松義則
播磨櫛田城　櫛田景則
長水城（宍粟市）　宇野政頼（一時、織田方になびく）
英賀城　三木通秋

天正五年（一五七七）
十月　信長の第二回目但馬征伐始まる。羽柴秀吉姫路城に入り「播磨奥郡人質を取り囲める」

十一月　**秀吉は但馬山口・岩洲城（朝来町山口字岩津）の戦い・竹田城攻撃。**生野銀山も占拠。

秀吉軍は十一月、市川に沿って北上し、但馬国最南端の山口城・岩洲城を攻め落とした。これは、秀吉にとって播磨経営の恐怖を除き、生野銀山の資源を入手できる、重要ルートであった。

人馬を休めることなく、直ちに竹田城に攻めかかった。

城主・太田垣能登守朝延は、羽柴小一郎長秀（後に秀長と改名）に城を攻められ、落城した。

山名氏の四天王・守護代を務めて南但馬に威を張った太田垣氏は滅亡した。

なお、法宝寺（和田山）には、天正五年（一五七七）十一月九日付の秀吉禁制が残っており、秀吉自ら出陣している。

秀吉弟・秀長が竹田城主になる。

十一月　秀吉本軍が福原城（別名・佐用城）を陥落し、上月城（現・佐用町寄延）

を攻める。

十二月三日　上月城落城（この時の上月城は赤松政元が再興した城であって、最初の上月城は鎌倉時代末期に上月次郎景盛〈宇野播磨守則景の息子〉が築城）。

・秀吉は上月城を尼子勝久・山中鹿之助に守らせる。

・尼子氏は一時、宇喜多勢に攻められ撤退し、宇喜多勢は、これを上月十郎景貞に守らせる。

・再び秀吉軍により落城、景貞自刃。再び尼子・山中が上月城に入る。

・播磨宇野氏はこの時、織田方になびいていたのだろう。秀吉には攻められていない。

天正六年（一五七八）

一月　三木城別所長治の叔父・別所賀正に謀反の兆し。
この頃、竹中半兵衛と黒田官兵衛（一五七八・一五七九、有岡城に幽閉される）の出会い。

秀吉本軍　姫路城、兵一二〇〇。竹田城（秀長）、兵八〇〇。上月城（尼子）、兵五〇〇。

友軍　兵二〇〇〇。　計四五〇〇。

二月　　　　三木城別所長治、荒木村重をはじめ東播諸将が信長に背く。
三月　　　　別所長治籠城作戦。
四月　　　　毛利・宇喜多直家（小西行長）が上月城包囲。
同　十七日　宇野祐清は織田方に属す。
　　　　　　信長が「上月城は尼子にまかせて三木つぶせ」と指示。
六月　　　　秀吉は三木城攻略のため佐用高倉山より兵を引く。
七月　　　　毛利の大軍が上月城奪還。
　　　　　　・**播磨の「宇野一類之者共」とその一党は毛利に通じる**（『吉川家文書』）
　　　　　　・竹田城本丸で秀長が戦況分析中に上月城落城を知る。
十一月　　　「上月城落城後、毛利勢は撤退し中国の自領へ戻る」と報告あり。
　　　　　　宇喜多直家から小早川隆景への注進に「播州の儀、御着の小寺（小寺政職）、姫路（小寺職隆）、野間の有田（在田国泰）、志湯（志潟・櫛橋政伊）三木（別所長治）、宇野（宇野祐清）江中合、〇一味仕候」（『毛利文書』）とあり、宇野氏が織田方から完全に離脱し毛利方につく。

秀吉は天正六年（一五七八）八月まで秀長の竹田城に居た。別所長治の謀反、上月城から毛利、宇喜多が撤退したことから、秀吉は三木城へ走り、竹田城の秀長、置塩城の赤松則房も三木城へ向かった。

赤松則房が信長に服従したが、赤松一族ながら長水城主・宇野政頼は信長への服従を始めはしたが、次第に拒否していった。

理由は、上月城攻撃の毛利軍の大軍を見たこと。上月城落城という織田方劣勢が続くという状況を見据えたこと。政頼が毛利氏の配下にあって、長水城の存続、発展を図ってきたこと。信長に反抗を続ける石山本願寺の一向一揆に物資を送り援助を続け、また、西播地方から多数の門徒が参加していたこと。

なお、宇野政頼は長男・満景《みつかげ》を疎んじて二男・祐清《すけきよ》を家督に立てようと謀り、天正二年(一五七四)、永良城で満景を暗殺した。

満景の名は播磨守護則房の初名「満政」の満を元亀元年（一五七〇）に拝領していた。政頼と則房が不仲であったことも理由の一つになっている。

七節　播磨国大河内表《おおこうちおもて》の合戦

赤松則房感状案

去十七日、広瀬者共、大河内表（へ脱）相働之処、●（及）一戦、田路与助（介）討捕段、
忠節神妙候、必可褒美候也、恐々謹言
十一月廿一日　　　（赤松）則房　判
安積小次郎（彦兵へ）殿

「この文書は無年号ながら宇野氏が赤松則房の属する織田方を離れ毛利方となった天正六年七月以降、鳥居職隆の戦死する天正七年八月以前になるので天正六年（一五七八）十一月と確定できる」

毛利氏方となった宇野氏は、別所長治を支援のため、三木城包囲中の織田陣営を背後から攻撃するため、**天正六年（一五七八）十一月十七日**未明、宇野軍が「広瀬者共」（『安積

文書』）を率いて播磨国大河内（兵庫県神崎郡神河町・旧大河内町）めざして、松明《たいまつ》を照らし長水城を発した。

長水城（宍粟市山崎町宇野）は文和年間（一三五二～一三五六）、赤松則祐が築城、広瀬師頼に守らせた。

嘉吉の乱（一四四一）で落城、のち宇野氏の居城となった。西側の宇野と東側の五十波に構《かまえ》、さらに与位、清野にも構を配している。

宇野軍：宇野民部大輔祐清（政頼次男・長水城）、宇野下総守《しもうさのかみ》政頼（隠居・五十波構）、広瀬七郎兵衛周数（宍粟広瀬）、宇野右衛門祐光、宇野妥女正祐政、下村治郎右衛門、千《ち》草《ぐさ》城主石原勘解由《かげゆ》（春名一族）、小林将監重宗（三河二男）、小林助治郎重吉（三河三男）、下村前主長則、備後吉市（岡城）、伊織吉寿（岡城）、安黒左京長則、安積将監、田路与助、田路五郎左衛門、田路信濃貞政（三方）、内海太助吉政、芳賀八郎、神子田半左衛門、荒木平太夫、春名修理、横野六太夫親義、横野三郎兵衛信友。

田路氏は赤松則房から宍粟市一宮町福地溝の工事により感状をもらっている。田路城に居た頃は山名四天王の一人太田垣氏に従っていた。この頃は宇野氏に属していた。

長水城・篠丸城の宍粟広瀬衆は五十波を通り、揖保川を北上、田井、水ノ谷、伊和を経て、岡城で三方・波賀と合流し、一宮染河内の明泉山城（長水城の出城）で出迎えられ、さらに染河内の川沿いに山道を駆け登り、大河内坂の辻峠を越え、小田原の南宮野の立岩大明神に攻め入って来た。一部の搦め手隊は伊和から岡城と合流し、岡城川沿いを登り、夢前三方峠を越え、賀野神社を通って熊野から宮野峠を越え、宮野の西から立岩大明神に攻め入って来た。

一方、三木城へ走った秀吉、秀長、則房に代わり、急遽《きゅうきょ》迎え討ったのは、赤松則房が大河内表の給人衆である。

赤松軍：岡本次左衛門（岡本祝融軒周登の一族）、大河内三十郎（大河内寺前城）、後藤弾正兄弟（給地・美作国吉野郡）、小南与三郎「給地・姫路市野里、香寺町（播磨国的部南条郷）」、安積七郎兵衛（安積城・若名小次郎）、粟生田左吉（大嶽城・柏尾城）、後藤和泉守、高橋四太夫（浪介の兄・播磨神東郡屋形在住・飯盛山城預かり）、高屋正左衛門、得平三郎兵衛、岸本与一介、その外高橋浪介（四太夫の弟）、長井彦四郎に出陣を命じた。

小南与三郎は岡本、大河内、後藤、安積、粟生田、高橋氏らと共に「大河内表給人衆」と呼ばれていた。また、小規模な領主経営を行う一方、赤松氏から給地を与えられてその家臣団に加わり、戦時には他の給人と一緒に赤松に動員される立場にあった。

に「高四」こと高橋四太夫は、孫の茂兵衛が寛永二十一年（一六四四）、岡山藩主池田氏に提出した奉公書によって、「代々播磨神東郡屋形と申す所」に居住した、「赤松殿代々上総守殿」（＝則房）まで奉公した、飯盛山城城主であった。

高橋四太夫は飯盛山城の家臣と共に屋形を発し、大嶽《おおたけ》城、寺前城で合流し、小田原川沿いを比延、上岩、高朝田、を通り宮野に着いた。

空が白んで、陽が昇ると霧が立つ。霧の中、小田原川をはさんで、ここ立岩明神の馬場で赤松軍と宇野軍が出会った。

時は、天正六年（一五七八）十一月十七日。霧が薄れて開戦、槍の名人宇野祐頼伝授の達人たちが槍を合わせ、太刀を振るってたちまち激戦となった。

宇野は山崎へ引き揚げた。

赤松軍の高橋浪介は討死。高屋正左衛門、長井彦四郎討死。高橋四太夫（兄）も身に深手を負った（『安積文書』）。宇野軍の田路与助討捕される。このし烈な戦いが大河内表合戦である。

天正六年（一五七八）、大嶽山城落城。

赤松則房は高橋一族の奮闘に対し「御書」を遣わすことになった。

そこで、奉公人鳥居職隆・岡本祝融軒周登は、前線大嶽城に出張する上月右衛門佐（上月秀盛）に「御書」を託し、則房の意「神妙思召候、弥忠儀専用通」を高橋四太夫に伝えるよう依頼した。また、高橋と共に前線で戦った「各《おのおの》」にも「無比類候可有御褒美旨」を伝言するよう命じた（『上月文書』）。

田路与助を討ち取る軍功をあげた安積小次郎も、則房から感状を得ている。

天正七年（一五七九）八月二十二日、鳥居安芸守職隆（もともと所務沙汰や連絡業務を担当する奉行人）は乗馬の足に矢が当たり討死する。

○山内首藤氏の西国下り

源頼義の郎党・藤原資清《すけきよ》は首（守）籐太夫と称し、次第に武士化した。相模出身の武士の一族で、その祖は藤原秀郷《ひでさと》とも藤原師尹《もろただ》（小一条）ともいう。

主馬首《しゅめのかみ》となった資清は首藤氏を称し、その子資通《すけみち》は前九年（一〇五一～六二年）、後三年（一〇八三～八七年）の役で源義家に従い、資通の孫俊通《としみち》は相模国山内庄（現・鎌倉市）を本拠として、山内首藤氏（山内氏）を称し、源義朝に従って保元・平治の乱（一一五六年・一一五九年）を戦った。

山内首藤氏は主家の乳母《めのと》を務める源氏譜代の郎党であったが、治承四年（一一八〇）の源頼朝の挙兵に俊通の子経俊《つねとし》は応ぜず、山内庄は頼朝に没収された。

その後、頼朝に帰参し、義経討伐などに功をたてたので、伊賀の守護職、相模の早河庄（現・小田原市）、備後地びの庄（現・広島県庄原市）のそれぞれ地頭職を得た。

地びの庄と比婆郡高野町、比和町、日和町（旧島根県旧邑南町日和、現・広島県庄原市）にまたがる庄園で、本郷（旧邑南町本郷）を中心に「地びの七郷」から成っている。

地びの庄字地頭職を得た山内首藤氏は、はじめは庶子を派遣して支配していたが、和田義盛の乱後、北条氏の圧迫を受けるようになり、ついに正和《しょうわ》五年（一三一六）、山内通資は一族郎党を引き連れて西国に下り、地びの庄北部多賀村（現・高野町）にある蔀山《しとみやま》城を築いた。ここには弟の美智と通俊が入城した。

通資は元亨年間（一三二一年～一三二三年）、南部の本郷村（庄原市）に移り、甲山城を築いた。

この通俊の流れが多賀山氏と称し、山内首藤氏の最有力庶家《しょけ》となる。

応仁の乱（応仁元年〈一四六七〉）後の山内首藤氏は備後最強の国人領主に成長し、守護代として山名氏の領国支配を助けた。

多賀山通続の嫡子で本家・山内首藤氏を継いだ俊通は天文二十二年（一五五三）、完全に毛利元就《もうりもとなり》の属下に服属し、毛利一門に次ぐ資格を与えられた。

天徳年間（九五七～九六〇）、揖保郡において貢租の略奪をする事件が起こり、近江国田原庄の田原藤太秀郷《たわらのとうたひでさと》の孫将軍・藤原文脩《ふじわらのふみなが》を播磨国押領使として遣わした。

後堀河皇后安喜門院《ごほりかわこうごうあんきもんいん》は田原庄御料地の縁で西光寺を再興した。御立村は政所のあった所という。仁治年中（一二四〇～一二四二年）、粟賀庄領家近衛兼経《このえかねつね》は荒野を法楽寺に寄進した。

弘安九年（一二八六）二月五日、皇后崩じ、村民が山内に供養碑を建てた。

後世、飾磨郡加谷郷内立船野に文脩将軍の子孫・首藤河内守是時が居住し、安室郷その他所領多く、播磨守護代となり大政所《おおまんどころ》と称した。

赤松則祐が守護職を継ぐにあたり、孫の祐利に譲り、代地を神東郡屋形村に移した。

天文三年（一五三四）、置塩城幕下龍野城主・赤松政秀反乱し朝日山の役《えき》が起こった。

天文七年（一五三八）、尼子晴久が山名豊定と謀って、但馬から播磨に侵入した。置塩城主・赤松晴政、高砂に逃れる。部下の多くは淡路に走る。

○山内家に伝わる立岩明神合戦

大織冠内大臣《たいしょかんないだいじん》一位鎌足《かまたり》二十五代の末裔で藤原秀郷の末裔・山内首藤三郎兵衛俊景は、北《ほう》条氏康《じょううじやす》（祖は京都出身の伊勢新九郎《いせしんくろう》で、のちに早雲《そううん》と称した。二代目氏綱《うじつな》の代から北条を名乗り、氏康は三代目）の子・氏政《うじまさ》に与《くみ》し、数度の軍功あるも、北条氏に恨みもあって、北条氏を去って毛利氏の配下となり、石見国より馳せ参じて播州赤松近江守則房に与力し、弟赤松佐兵衛則重の居城である神西郡永良之郷の永良山城（鶴居城・稲荷山城。現・神崎郡市川町鶴居字城山）に住み、則房の烏帽子親《えぼしおや》となる。

山内首藤三郎左衛門尉則景と改める。

時に元亀元年（一五七〇）、播磨守護赤松義村の子・晴政の居城で飯盛山城の守将をしていた家臣、高橋備後守政親の末裔・高橋浪之助頼定が小田原に居住していた。浪之助が寝返ったので、山内首藤三郎左衛門尉則景とその子・安景が浪之助討伐に動いた。

首藤陣営：父・首藤三郎左衛門尉則景、長男・首藤左衛門尉安景、二男・山内五郎右衛門尉資景、稲子半助、向野孫市郎、太田源内、山内籐七郎秀春、向野源次郎、大山平助乗正

高橋陣営：高橋浪之介、上月友正

浪之介は戦いに敗れ、身に深手を負って尾鼻（宮野の岩山）に登り、鞍《くら》を取り、甲《よろい》をぬぎ、石の上に置いて休んでいるところを首藤則景の家来・稲子半助が後井谷から峰越えにかかりつけ、浪之介を討ち取った。

これを知った浪之介の家来の上月友正が稲子半助を追いかけ、湯川の馬門近くの稲子堂で半助を討って、浪之介の首を取り返したが、矢で射られ、深手を負い、四ツ谷の久古坂まで逃げ延びたが、そこで自害した。

浪之介を討伐した山内首藤則景は、この戦いの三か月余りの後、五十四歳をもって死んだ。

その子安景が大河内庄を領有することとなり、湯川を本拠とし、門内《もんのうち》（現・小田原遊園地の上）に邸宅を構え居城とした。「小田原構《かまえ》」という。

峰山には砦《とりで》を構えて、太田源内、向野（河野）源次郎の両名に郡境を守らせた。鍵の奥（現・上小田）に大山平助乗正を差し置いた。

山内首藤左衛門尉大輔安景は二十歳代の若武者であり、異国で、しかも父が戦いののち三か月で亡くなったことから、故郷の相州小田原が忘れがたく、湯川を小田原と改め、自らも小田原左衛門と号した。

高橋浪之助の家来が出家して、浪之助討死の場所である宮野の尾鼻に堂一宇を建立することを願い出て、尾鼻堂を建立する。これが薬師堂の縁起で、天正元年（一五七三）のこととある。

前述のとおり山内家に伝わる合戦は元亀元年（一五七〇）になっている。さらに文書によると、少なくとも天正六〜七年（一五七八〜一五七九）のことである。

○大河内表合戦の真実

文書による大河内表合戦と山内家に伝わる合戦は、共に高橋浪之助の討死が共通しているが、高橋浪之介は文書による天正六年（一五七八）の討死で、元亀元年（一五七〇）ではない。

山内家に伝わる合戦は浪之助が寝返ったとなっているが、文書では弟・高橋浪介は兄・高橋四太夫と共に戦っている。また文書による合戦は、宍粟長水城の宇野と赤松則房方の飯盛山城主・高橋四太夫等の戦いである。宇野政頼と赤松則房とは親戚筋であるが、政頼が二男を立てようとして、則房が後ろ盾にしていた政頼の長男を暗殺するという遺恨があった。

一四八四～一五一二年の前記『山内首藤家文書』によると、山内首藤家はもともと備後国人で但馬山名氏の被官人である。大河内表合戦時の山名氏は山名豊定の頃と思われるが、但馬は秀吉第二次但馬侵攻によって平定しているので、山内首藤氏の与力はなかった。

大河内表合戦は宇野氏と赤松氏の戦いで、山名氏と赤松氏の合戦ではない。

文書による大河内表合戦には、山内首藤という名は見当たらない。

天正六年（一五七八）、首藤安景が三木城に赴いたと記したものもある。山名氏の被官人の山内首藤氏が三木城支援に春日山城主・後藤将監基國、砥堀孫大夫、多田藤助と共に駆けつけたというが未確認。

上月友正は首藤則景の家来ではなく赤松則房の家来で、上月右衛門佐秀盛のことを指している。

小田原という地名は、合戦のあった天正六年（一五七八）より二二七年前の観応二年（一三五一）発行の『荘園志料』に「小田原《ヲトラ》」とある。よって、古文書による大河内表合戦が真実である。

天正七年（一五七九）　粟田左京進、西米田構《かまえ》（市川町東川辺）

天正八年（一五八〇）　一月十八日、三木城落城。別所小三郎長治自害
　同　　　　　　　　　六月、長水城攻略
　同　　　　　　　　　十一月、篠ノ丸城攻略

播州山崎十万石、長水城主・宇野政頼の末子・宗千代は、船越山るり寺に逃れる。るり寺では、伊賀の忍者佐平次が、身元不明の女の遺児・仙四郎を育てていた。

船越山に近い作州竹山城主・新免宗寛の家老・宮本無二斉の子で七歳の武蔵が、船越山に出没する天狗退治に乗り込むも、伊賀の忍者佐平次にうちのめされ、佐平次の弟子となる。

三児はるり寺住職知海、小六正勝、官兵衛、沢庵《たくあん》禅師らに見守られ成長していく。

宗千代は武門再興の途《みち》を捨て、るり寺二十七世真賢となり、宍粟人工植林四万本を成し遂げる。

仙四郎は阿波徳島藩の隠密頭として、幕府隠密との死闘を尽くした。

武蔵は無敵の剣豪の名をとどろかし、やがて剣の心を求め、出羽の流罪地に沢庵禅師を訪ねる。沢庵は出石《いずし》城主・山名宗全の臣、秋庭《あきば》綱典《つなのり》の子。

天正八年（一五八〇）　秀吉の第三回目但馬侵攻
　同　　　　　　　　　五月、竹田城主七代・桑山修理太夫重晴を任命
天正十一年（一五八三）　阿波十七万五〇〇〇石、小六家政が赤松則房を阿波加島城主一
　　　　　　　　　　　万石に取り立てる
天正十三年（一五八五）　則房は関ケ原合戦で大阪方に味方し、奥平信昌軍と戦い戦死。
　　　　　　　　　　　於安土桃山
　同　　　　　　　　　竹田城主・桑山重晴、和歌山城主三万石に移封
　同　　　　　　　　　竹田城主八代赤松廣英
慶長五年（一六〇〇）　竹田城廃城

※竹田城の石垣は山名宗全が築いたものではなく、天正末期から慶長初期に築かれたものという。
現在の石積は穴太流といって、近江国坂本を中心として発達した石垣技法によっている。

○農民

古代から農民には田をあてがわれていたが、財産ではなく苛酷な上納米の生産対象で

あった。土地と共に人民も私有する土地私有制度によって、支配・被支配の封建制度の発達となった。名主《なぬし》や荘官などから土豪勢力が発達し、武家の支配形態が移行し、武家領が成立してゆく。

鎌倉時代には、百姓は武士を養うための米作りの道具であった。土地と農民を結びつけて、農地を捨てることを許さなかった。

戦国時代は戦乱で逃亡したものを引き戻し、逃亡した本人、親類までも処分し、密告者には褒美を与えた。

その後、農民も成長し、苛酷な仕打ちに対し一揆で反抗した。その指揮者は上層農民で、農民武士化する者も出た。

秀吉は反抗蜂起をなくすため、刀狩りをして農民の武装を解除し、武士が農民を支配する強い封建体制を確立した。

庄園が崩壊し、大名領地発達の過程を経て、江戸時代の大名知行制に基づく幕藩体制へ移行した。庶民を統制し、「村切り」と称して庄の単位を村の単位に改め、代官所対○○村がその行政単位とし、庄屋、年寄等を対象として年貢の徴収を行った。

世が平和になるにつれて、貨幣の流通が農民に影響を与えた。

江戸時代は士農工商と農民は二番目にランクされているが、実際は士から支配され、工、商からは利用されて、最低の生活を強いられた（『郷土の歴史』（前掲）より一部引用）。

上納に差し詰まり、金を借り、返す当てもなく、田を質として先方に渡したのが地主と小作の始まりである。質入れ文書を庄屋の家に保管された。

昭和十四、五年頃まで小作が地主に年貢を納めていた。これは昭和二十年の敗戦まで続いた。

産米は当初一段歩（一反）に二石（五俵）以下であったが、日清・日露戦争以降、農事改良が行われ、一反に三石（七俵）から四石（十俵）以上になった。

○山

山は植物が生え雨水が蓄積され、資源の宝庫である。

山で牛の草刈り場、堆肥源、薪は炊事、風呂、囲炉裏の熱源として、利用した。

山は人間の生活に欠くことのできない大切なものであったので、古くから山の境界等による山争いの事例が数多く挙げられている。

境界に炭を埋めておいて、後で問題になった時に炭を掘り起こして証明したこともあったという。

堆肥は化学肥料に取って代わった。

昭和三十年頃より石油エネルギーにより薪炭は必要としなくなり、炭焼きもなくなった。

加えて昭和五十年頃より、コスト安の外材の輸入によって、内地の用材は押しのけられた。

現在では、山からの生産物はコスト高で採算がとれなくなった。

○入会山《いりあいやま》

入会山という、共有で一定の場所に集落の人々が入って、薪、草などを刈っていた。

この入会《いりあい》制度というのは、山争いが起こらないようにするための制度だったのか。

明治二十二年（一八八九）、土地法が制定され、各市町村において土地台帳の整備が義務づけられた。

大正十三年（一九二四）三月二十九日に「寺前村部落有財産統一条件」がなされ、村の基本財産及び直営林と縁故使用地中の林野は、農業用地（農業用地とは肥料、飼料の採取地及び放畜地または萱刈場をいう）及び薪炭並びに用材造林地とする。

山を隔てて隣の集落に行くには、山を横切るように歩いて行った。これを「横歩き」と言っていた。

山道を歩いて嫁に行ったので、「嫁道」と呼ばれていた道もある。嫁道は巡礼（遍路さん）の道でもあった。南小田大林寺から大林寺裏山を登り、山道端のお地蔵さんを通り、峠を越え、下って行くと石の道標「小田原方面」がある為信に出る。町道を通って長谷清水寺までは山越一里十丁とある。

巡礼（おへんろさん）順路

●第十番　甘地村谷　天台宗・妙法山 龍音寺（谷新田にあった上月平左衛門の墓を当寺に移転）
●第十一番　鶴居村田中　曹洞宗・清久山 護生寺《ごしょうじ》
●第十二番　同　鶴居　臨済宗・永良山 廣徳寺
●第十三番　寺前村新野　黄檗宗《おうばくしゅう》・恵田山 正法寺
　西脇　曹洞宗・長楽寺
　比延　神宮寺
　上岩　大悲庵
特別霊場　寺前　真言宗・来留山 最明寺
●第十四番　高朝田　曹洞宗・瑞雲山 林昌寺

●第十五番　南小田　曹洞宗・黄梅山 大林寺

「御詠歌」むかしより　たつともしらぬ　いましまの
　　ほとけのちかい　あらたなりけり

次へ山越一里十丁

特別霊場　長谷村犬見　曹洞宗・清水寺

清水寺（観世音菩薩）

播磨の豪族枚夫長者の家来が謀反を計画し、弓矢で長者を射殺しようとした時、二匹の犬に助けられた。長者は犬を弔い救世《ぐぜ》菩薩を刻んで犬の霊をなぐさめた。

（犬寺物語）

●第十六番　犬見　臨済宗・洞嶺山 裕泉寺

八節　福本藩と小田原村

慶長五年（一六〇〇）　十月二十五日、池田輝政、姫路藩領　神東・神西等五十二万石
入封
慶長八年（一六〇三）　郡（神西・神東）北部一帯検地
『慶長播磨國絵図』
元和元年（一六一五）　六月二十八日、池田輝澄、山崎藩・輝政四男　三万八〇〇〇石
元和三年（一六一七）　三月六日まで、池田輝政、姫路藩領五十二万石
元和三年（一六一七）　九月十一日、本多忠刻《ただとき》、姫路城部屋住　神東・神西等十万石
千姫化粧料含む
寛永三年（一六二六）　五月まで、本多忠刻、姫路城部屋住　神東・神西等十万石
寛永三年（一六二六）　本多忠義、姫路城部屋住　本多忠刻遺領　神東・神西等四万石
寛永八年（一六三一）　本多忠義、姫路城部屋住　神東・神西等五万石（遠州掛川に転
封）
本多政勝、姫路城部屋住　神東等四万石

寛永十六年（一六三九）三月三日、松平（奥平）忠明、姫路藩　神東・神西等十八万石
寛永十七年（一六四〇）七月二十六日、池田光仲、因幡鳥取藩（神崎）因幡三十二万石
正保元年（一六四四）五月十八日、松平清道、寺前藩・松平忠明の子　分知　神東・神西・印南三万石
十二月二十日、同、死亡により絶家
慶安元年（一六四八）六月十八日まで、松平（奥平）忠明、姫路藩　神東・神西等十八万石
慶安元年（一六四八）池田光仲、因幡鳥取藩・（神崎）因幡　神東・神西等三十二万石
寛文二年（一六六二）四月八日まで、因幡鳥取藩・池田光仲（神崎）に神東・神西等一万石

江戸の播磨山崎藩領主・松平石見守は、国元の「家中の仕置き不作法」を問われ、寛永十七年（一六四〇）、幕府は輝澄に改易、領地没収、そして甥の鳥取藩主・池田光仲に「御預け」という裁定を下した。

幕府は身柄と堪忍料（賄料）を含めて光仲に預けた。光仲は鳥取藩内の鹿野付近、その他に於いて一万石を輝澄に給し、その埋め合わせに輝澄自身にではなくて、子供に対して

印南、神東、神西郡に鳥取藩飛び地として一万石を与えた。

この一万石は、家老から発給された文書控えである『万留帳』により一部判明した。同史料によると、印南郡曽根町五〇〇石、神西郡の宮野・淵・栗・為信・用田・犬見村、神東郡には、山田・根宇野・新殿・下吉富・粟賀・中村等の諸村に領地がある。粟賀町、新野村、屋形村、寺前村四か所の大庄屋に四斗入六俵を給し、税の取り立てをさせた。なお、承応二年（一六五三）二月に一人減らして三人になった、とある。神東、神西に新野村・寺前村・屋形村を含めて四五〇〇石ほどになり、計五〇〇〇石が確認される。あと五〇〇〇石が定かでないが、家老のメモ書きであることから、前述の如く鳥取藩・池田光仲の持ち分である。これを福本藩の池田政直に引き継いだ。

寛永十年（一六三三）　三月　八幡神社（播磨國神西郡寺前村ノ内旧小田原村字立道一四二〇番）

寛永十六年（一六三九）立岩嶽の祠より岩ノ下に下ろして立岩神社寶殿を建立

寛文二年（一六六二）　九月二十五日、輝澄死去

初代・政直（輝澄四男）、堪忍料一万石嗣《つ》ぐ

鳥取藩の播磨神東・神西・印南の計三十六か村、一万石と改め

る。

寛文三年（一六六三）　十一月十九日、福本藩立藩。この年より一万石は後の御朱印のとおりになる。

寛文四年（一六六四）　四月五日、徳川家綱より一万石（神崎郡九四九二石一斗余、印南郡曽根町五〇七石八斗余）の領地の御朱印を賜る

寛文五年（一六六五）　十二月六日　初代・政直没　三十二歳

二代・政武が嗣ぐ

延宝六年（一六七八）　山崎藩・池田家改易三万八〇〇〇石のうち、新藩主・本多氏に一万石余り、残りは幕府領とし、陣屋須加代官屋敷に服部六左衛門が入る。

延宝八年（一六八〇）　庵寺開基（宮野字北中四五）。最後の庵主は河合全明（加西市）

貞享四年（一六八七）　二代・政武没　三十九歳。交代寄合旗本

三代・政森が嗣ぐ　知行高六〇〇〇石　徹心寺住職の助命

元禄元年（一六八八）　播磨福井新田開発開始～宝永元年（一七〇四）

宝永五年（一七〇八）　惣百姓代・**上月平左衛門直訴文**

宝永七年（一七一〇）　上月四郎太夫仕官

参勤交代行列、小田原嘉七・小田原平六

正徳元年（一七一一）　**小田原平八・小田原喜八**

正徳五年（一七一五）　**馬役、小田原文九郎久吉**

正徳五年（一七一五）　四月十六日、池田政森領地判物　家老大塚孫右衛門　小田原

三拾石

池田政森領地判物

播磨国神崎郡

粟賀町村之内　五拾石

上吉富村之内　三拾五石

新野村之内　三拾五石

美佐村之内　五拾石

小田原村之内　三拾石

合高弐百石充行訖

全可知行者也　乃●如件

正徳五年（一七一五）

四月十六日　　政森（花押）

大塚孫右衛門どのへ

（家老職・もとは後藤氏で後に香呂村に移る）

享保元年（一七一六）　正月二十一日　三代・政森没　三十八歳

享保四年（一七一九）　安志藩　小笠原長興　一万石

四代・喜以《よしもち》が嗣ぐ

享保五年（一七二〇）　六月二十六日、喜以公がさらに立岩神社の寶殿を新たに建立

延享四年（一七四七）　本殿建立棟札　松平三治殿御代　神西郡大河内庄石田横瀬八幡宮　小田原村庄屋源兵衛

総社は九州の宇佐八幡である。中世は源氏の氏神として崇拝され、武士の守護神として全国に広まる。祭神は誉田別尊（応神天皇）である。

大日如来（八幡神社入口）

名号塔　南無阿弥陀佛　信阿本端正（於　石田第二発電所）

宝暦三年（一七五三）　**小田原三助没**

明和八年（一七七一）　四代・喜以、隠居。

五代・喜生《よししげ》が嗣ぐ。明和九年（一七七二）二十八歳。奥平昌敦《まさあつ》の二男で養子。松平但馬守喜生《よししげ》ともいう。

寛政十年（一七九八）　松平弾正殿領分

寛政十一年（一七九九）松平但馬守

家臣団　西崎助九郎、谷田佐野右衛門等

「用人」高松弥九郎、田辺丹蔵、浅場弥次右衛門等

「頭取」三溝喜内、中川岩太郎、藤井源之進等

※以下、古文書中の（　）は著者。注釈・現代語訳等については著者の個人的見解です。

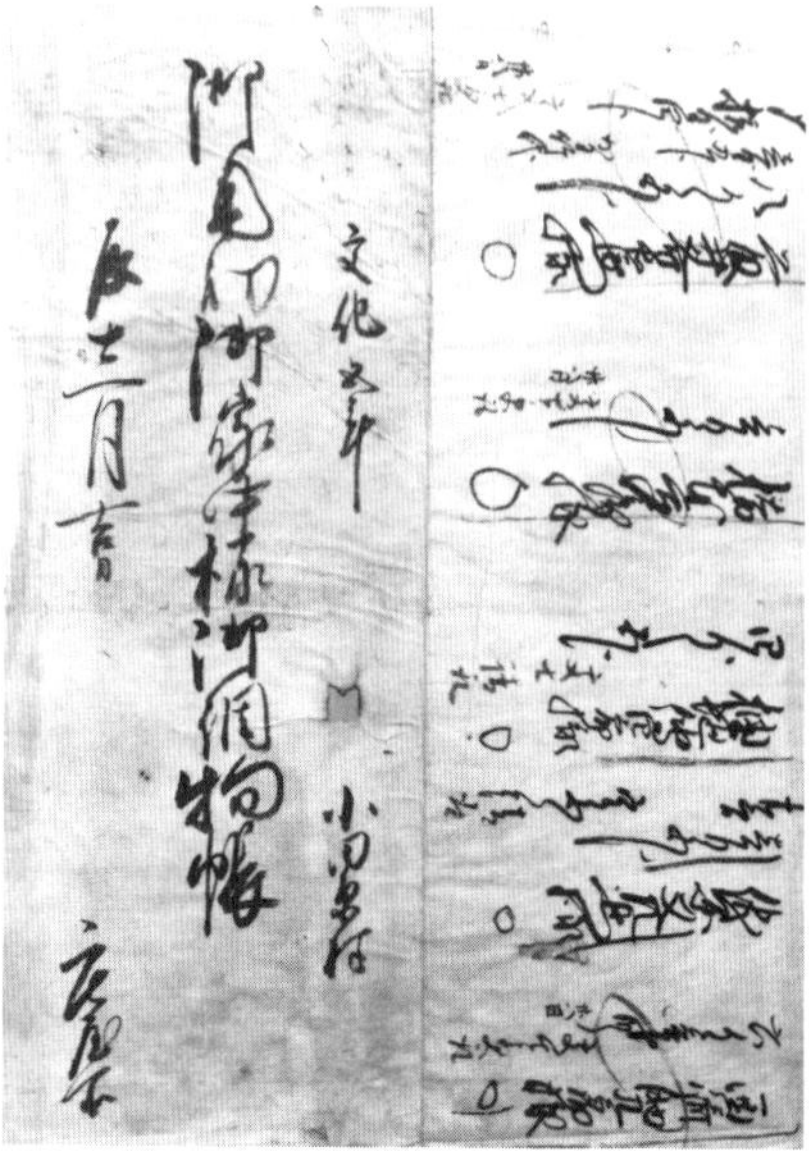

文化五年（一八〇八）　小田原村

御用初御家中様御調物帳

辰十二月吉日　庄屋所

西﨑助九郎様（福本旗本役人）

一六刄壱分弐り　文七受取

廿八日

伏原又左衛門様

一壱匁五分

廿二日　宇五郎請取

柚垣伝四郎様

文七請取

一四匁五分

橋本〇兵衛様

一壱匁五分

文七請取

廿八日

藤井〇右衛門様

一八匁五分

一壱匁九分　〇行代

〆拾匁四分　文七受取

廿八日

文化八年（一八一一）　十一月二十五日　五代・喜生没　七十五歳

六代・喜長《よしなが》が嗣ぐ　文化八年（一八一一）十一月。十四歳。松平久五郎喜長・弾正喜長ともいう。

文書

右之通り増減差引仕指上申候通り

少しも相違無御座候仍而如件

文化九年（一八一二）申三月

小田原村年寄

森本伴助様

三溝喜内様

（年寄は組頭ともいい、庄屋の補助・組頭は民選、官選）

文書

放手形請取之事

森對馬守殿御領分
播州宍粟郡野田兼帯西
安積村
文化十一年（一八一四）戌二月
庄屋熊右衛門　印
松平久五郎様御領分
播州神西郡小田原村
庄屋　兵左衛門殿

松平久五郎は文化八年（一八一一）十一月、久五郎十四歳のとき家督を継ぎ、福本藩六代松平久五郎喜長となった。
また、松平弾正喜長ともいった。

文化十一年（一八一四）六代藩主松平久五郎（松平久五郎喜長・松平弾正喜長ともいう）
文化十二年（一八一五）森本伴助・三溝喜内（文化四年〈一八〇七〉頭取役）
文化十四年（一八一七）十月、森本伴助・能勢八平太　天保十一年（一八四〇）没

○文書に見る播磨國小田原村小田原（本村）・日和・石田横瀬

訴訟は庄屋が大庄屋に提出し、代官に進達した。

訴訟は金銭貸借、人民論争で重大な訴訟に限り代官がこれを裁判し、重大でないものは大庄屋に委託し、軽微なものは庄屋に解決させた。

林務については大庄屋部内に山廻り一人を置き、毎月二、三回山林を巡回し、庄屋、大庄屋に報告させた。土地整理は庄屋に一任。

戸籍は庄屋が毎年調査した婚姻届、人口の増減を正月から七月までを八月に、八月から十二月までを翌年五月に代官に報告した。

戸籍を作って人別帳とし、毎年八月に人別改めをした。

庄屋が保存していた諸帳簿は宗門人別地券壹帳、馬籍帳、収税簿冊、会計簿冊である。

庄屋、組頭、百姓代を村方三人役と称した。

組頭は庄屋（年寄ともいう）を助け、五人組の筆頭である。五人組とは、町村内の隣接する五戸を合わせ五人組とし、相助け、相責めて、治安繁栄に努めさせた。昭和十五年（一九四〇）頃隣組制度が復活した。

百姓代は大高持の百姓を選んで人民の代表者とした。

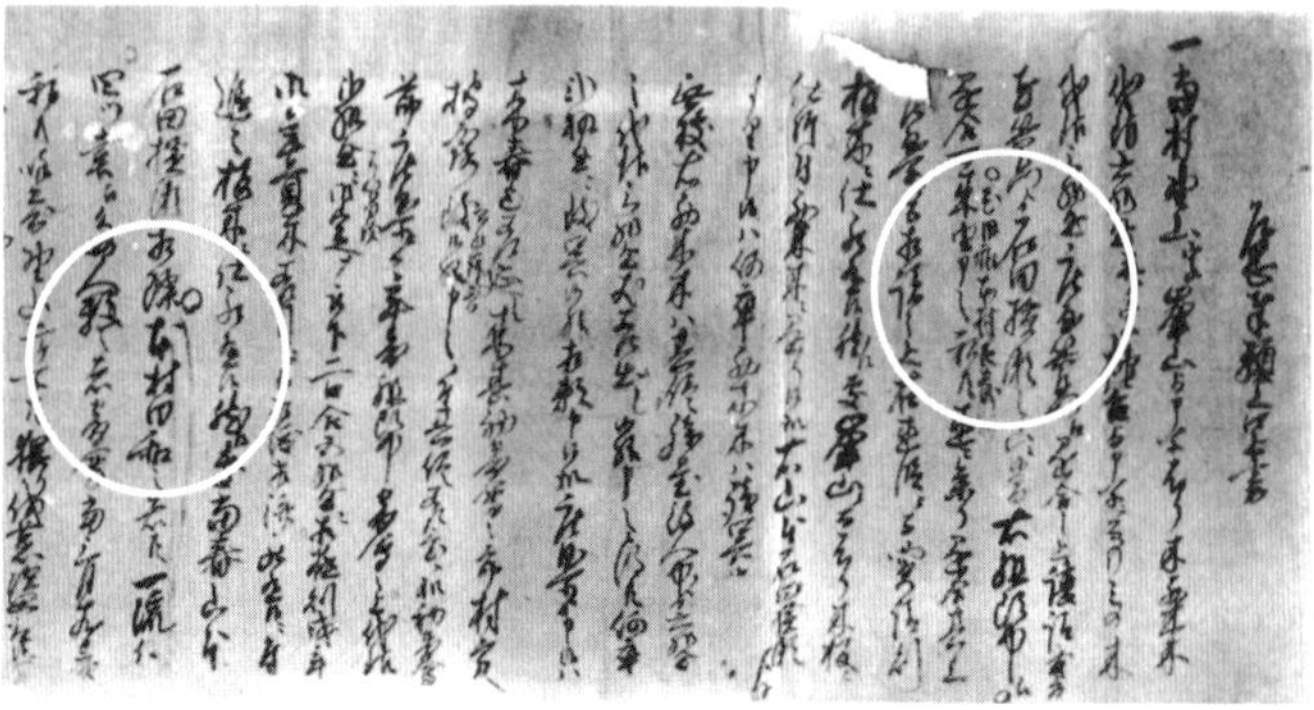

乍恐奉願上口上書
一、当村野山字峰山と申所はり木栗木
代銀六拾匁並字榊台と申所ニ而モミの木
代銀三拾匁庄屋善左衛門江縣合之上譲渡旨
丈善左衛門より石田横瀬之山ニ候間右組中江丈日和本村江茂
縣合可来由申之私共直ニ参リ縣合其上
庄屋所ニ而相談之上右直段ニ而買請則
板木ニ仕罷有候然ル處峰山ニ而はり木板ニ
仕片付栗木ニ縣リ候処右山本石田横瀬
より申候は何卒栗木ハ残呉候様申ニ付与
無據右栗木ハ其儘残置役人中より六拾匁
之代銀三拾匁丈差出し候様申之候得共何卒
貳拾匁ニ至呉候様相頼申候処庄屋所より申候ハ
来春迄差延し来春初寄会之節村方へ
披露致候様申之ニ付其侭差置候処初寄会
節庄屋所ニ而年寄組頭中寄会之上代銀

貳拾匁ニ御定メ被下ニ口合五拾匁ニ相極則戌年
御年貢未差引ニ而相渡相済罷有候ニ付
追々版木に仕罷有候然る處当春山本
石田横瀬相除本村**日和**之者共一統仕
四ツ堂江多人数之者寄会当三月十九日夜
私共呼寄野山二ヶ所共猥りに伐荒盗取候
山代銀ハ勿論過料として銀子三百目差出し
候哉返答可仕旨申渡し候ニ付先達而庄屋所之
縣合之始末申候得共一向頓着不仕村方
一統付合不仕勿論伊勢講等迄相除キ
私共引合筋一向聞入不申且戌春私共
組頭中江野山売払之義ニ付直ニ参リ勿論
庄屋所に於ゐて年寄組頭中初寄会之節
相談之上相決シ譲請候義ヲ今以不存申
筈与被申候義甚以不得其意甚以歎敷
難儀至極奉存候ヶ様ニ相成候テハ一向

御田畑相続難仕御義ニ奉存候ニ付乍恐書付ヲ
以奉願上候何卒本村**日和**之者共一統
御召被爲●成右始末御勘考之上御糺
被爲●成下長御百姓御田畑相続可仕様
被爲●仰付被爲下置候ハバ廣太之御慈悲
偏ニ難有仕合奉存候以上

文化十四年（一八一七）丑十月

小原（田の誤り）原村

願人　与兵衛

森本伴助　様

能勢八平太様

恐れながら奉り願い上げ口上書（これを愁訴《しゅうそ》という）

［現代語訳］

小田原村峰山のはり木、栗木、榊谷のモミの木を庄屋と石田、横瀬とで交渉し、はり木、栗木を代銀六十匁、モミの木を三十匁で買うことにしていたが、日和、本村（小田原）へも交渉すべきということで、行って話し、庄屋所にも相談し、右値段で買った。

ところが、石田、横瀬から栗木を残してくれというので、栗木を残し、六十匁の内三十匁出したが、翌春、庄屋所で、年寄、組頭が四ツ堂で寄合の上二十匁に決め、二口合わせて五十匁に決めた。

ところが、本村（小田原）、日和の多数の人たちが山二か所の木を勝手に切った、というので、木の代銀、罰金として銀子三百匁払い、返事をしてくれるよう言ったが、いっこうに返事がありません。事実を吟味していただき、右の処理をお願いします。

文化十四年（一八一七）丑十月

小田原村願人
与兵衛

森本伴助　様
能勢八平太様

文中の本村は小田原村の小田原。現、下庄・上庄のこと。
文化十四年（一八一七）十月は福本藩六代喜長公二十歳の時。

森本伴助は福本藩六代喜長の家臣。岡山藩高一〇〇石、森本又兵衛→森本甚左衛門→森本源四郎が見える。

能勢八平太は福本藩六代喜長の家臣。寛文九年（一六六九）岡山藩高八〇〇石、能勢庄右衛門（江戸詰、鉄砲頭）が見える。

四ツ堂にあったものではないかと思われる鰐口《わにぐち》が近くの井戸から発見された。

鰐口は、神・仏殿の前に掛ける器である。パンダの顔を押しつぶしたような形で、下が裂けて横が長い口があり、中はうつろになっている。前に布縄を垂れ、参詣した者は、この布縄で鰐口を打ち鳴らすもの。

鰐口

鰐口には「播磨國大河内庄中湯川村道祖神」、半面に「明徳二年六月一日」と刻んである。

道祖神は賽《さい》ノ神ともいい、村落から外敵や疾病を除災し、生死を司る神として六観音、六地蔵を祀ったり、男女二神を並べて配していた。また、心霊のある丸い石などを神として、村落の辻に飾って崇拝した。のちに道路の神、旅の神ともされ、道行く人々に信仰されていた。

ちなみに道祖神を「ドウロクジン」（道陸神）ともいう。

明徳二年（一三九一）には中湯川村ではなく、一三五一年には小田原《ヲトラ》村になっている。これは鋳造《ちゅうぞう》した時に刻んだものではなく、鋳造後に鋭い刃物で彫ったもののようだ。今も地名に「寺坂」とあって、四つ角になっていた所にあったもので、四ツ堂が古くからあったのだろう。

文書

乍恐奉願上口上書

非常に荒れた場所（土地）を未だ開発していませんので、年貢をこれまでどおりにお願いします。

文政六年（一八二三）未二月

小田原村年寄　吉次郎㊞

同断　吉兵衛㊞

庄屋　兵左衛門㊞

能勢八平太様（福本旗本役人）

中川左司馬様（福本旗本役人・中川文太夫が父）

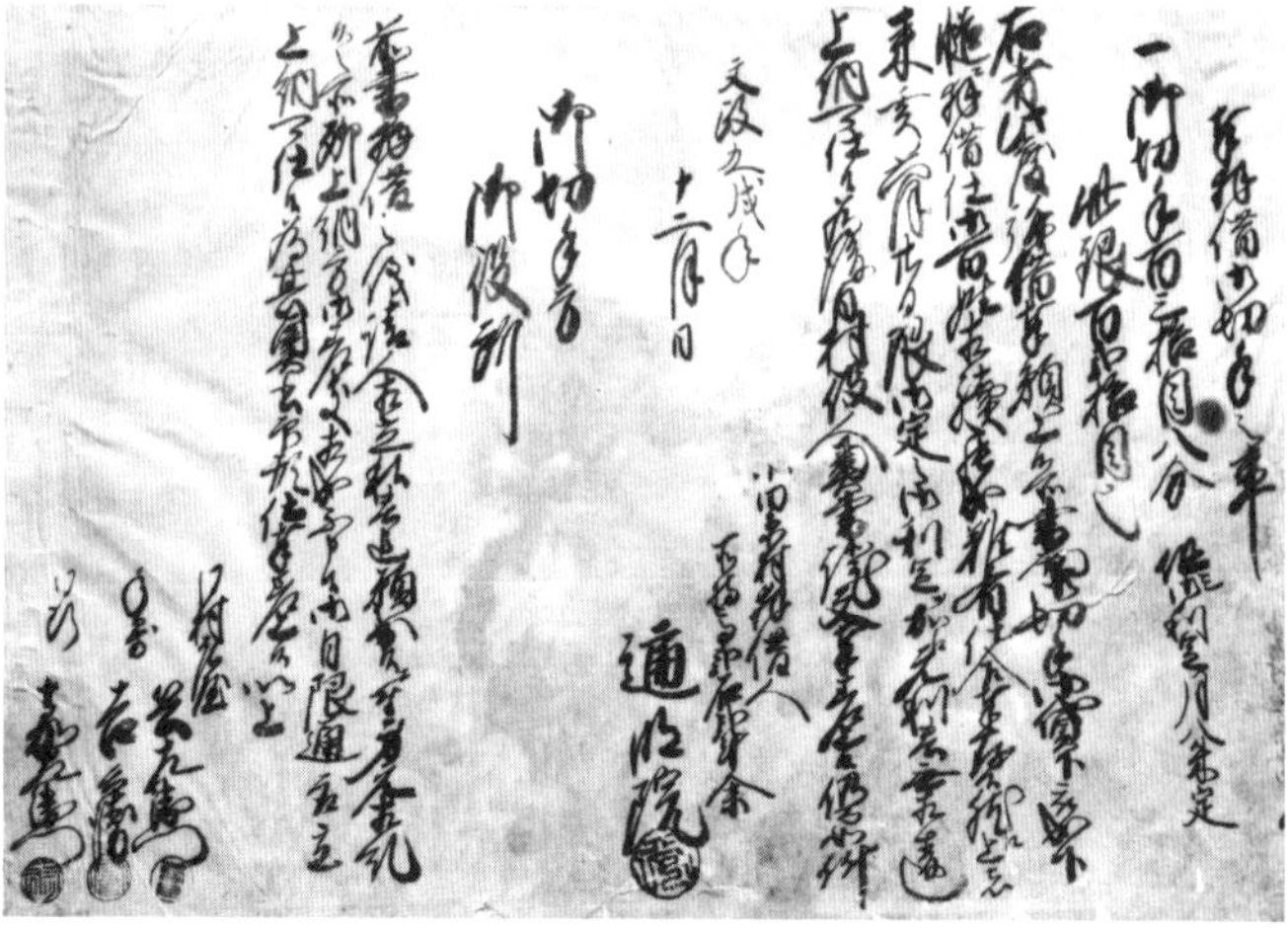

奉拝借御切手之事
一、御切手三拾目八分　但シ御利足月八朱定
此銀百貳拾目也
右者此度拝借奉願上候所書面御切手御貸下被成下
慥ニ拝借仕御百姓相続罷成難有仕合奉存候然ル上は
未亥六月廿日限御完之御利足ヲ加江元利共無相違
上納可仕候為後日村役人奥書證文奉差上候
文政九戌年（一八二六）十二月日
小田原村拝借人所持高貳石貳斗余
遍明院　㊞
御切手方御役所
（㊞は黒印　以下同じ）
前書拝借之儀請人相立私共迄願出候ニ付身元相糺
候之所聊上納方差支相成不申候御日限通取立
上納可仕候爲其奥書印形仕奉差上候以上
同村庄屋　兵左衛門　㊞
年寄　吉兵衛　㊞
同断　嘉左衛門　㊞
遍明院は大林寺の隠居寺もしくは大林寺に附属の寺院か

天保五年（一八三四）七月十八日　六代・喜長没　三十九歳

七代・喜道《よしみち》が嗣ぐ　嘉永元年（一八四八）九月十日

御奉行能勢八平太・高松弥九郎が立岩神社の内陣を再建

慶応二年（一八六六）六月二十五日、所領一万五七三石、再び立藩

慶応二年（一八六六）七月十日　七代・喜道没　四十一歳

八代・徳潤《のります》が嗣ぐ　明治二年（一八六九）六月十七日。版籍奉還

明治三年（一八七〇）八月三日、福本藩知事

明治三年（一八七〇）十一月二十三日、福本藩知事免職願

明治初年　福本藩―鳥取藩―鳥取県―姫路県―飾磨県

明治七年（一八七四）二月、立岩神社、村社に列す

明治九年（一八七六）八月二十一日、兵庫県となる

大正八年（一九一九）立岩神社の本殿を改築、また幣殿を新築

石碑　日吉神社縣社昇格紀念碑

昇格紀念　徳潤謹書

大正九年（一九二〇）五月、天理教神平宣教所建立

日和菊蔵翁碑

源徳潤書　とある

この碑は天理教神平分教会神殿建て替えの時に神殿下の地下に埋められている。

八代・徳潤没　昭和四年（一九二九）五月十三日。八十三歳

○上月城・上月平左衛門

上月城は、はじめ鎌倉時代末期に上月次郎景盛（宇野播磨守則景の子）が、佐用太平山に築城した。赤松氏再興の頃、赤松政元が太平山上月城を再興した。

立岩神社上棟式記念。大正9年（1920）9月29日、神嵜郡寺前村内南小田村　常盤堂新聞舗

秀吉の中国征伐の時、赤松政範は秀吉に服さず毛利方になったので、秀吉に滅ぼされた。
この天正年間の攻防が上月合戦で、上月城はその後廃城となった。

宇野則景・上月景盛・上月盛時から十五代目の上月平左衛門景吉は、姫路の池田利隆に仕えていたが、利隆が岡山へ転住になったので、景吉は帰農し寺前村新野にて大庄屋となる。

当地にて、一世景吉が敏腕を振るい、亀ヶ坪山入会権を当時の神西郡十一ヶ村・飾西郡十七ヶ村計二十八ヶ村の入会山とした。

このことからでしょう、現在の神河町新野にて毎年盆の八月二十六日「上月祭」として追善踊りが催されている。

二世景正は農民の窮状を見て直訴し自害している。よって闕所の罰を受けて、上月家の田地、家財等を没収された。

三世景重は直訴直前に、根宇野村において、藩士に暗殺されている。

宝永五年（一七〇八）の訴文提出事件、また、伝承される宝暦二年（一七五二）五月二十六日の神崎郡根宇野村における惨殺事件が上月家断絶を意味する。

寛政二年（一七九〇）六月三日、山田村二名、福渡村一名打ち捨て。これにより御領分頭百姓の者は残らず追放蕨所《わらびしょ》に仰せ付けられた。これは『正法寺文書』による上月多右衛門の処分とも合致するので、処分が事実であったこととなる。

ただ、上月平左衛門の名はなく、上月景正、景重、景久等に対しては追放処分となり、処刑は免れたのだろう。

四世上月景藤は他の旗本である屋形旗本の谷新田へ追放されている。

宝暦二年（一七五二）に直訴を敢行したのは、すでに亡くなった者以外で、追放後大阪に移住した二男・多右衛門景文か、孫の景藤になる。

（大庄屋　義民　上月平左衛門より）

○上月平左衛門と日和の氏の輪

私の母の兄・房雄伯父さんは、三歳から七歳まで日和かめお祖母《ばあ》ちゃんに連れられて、徒歩で小田原村日和から市川町谷新田の上月平左衛門の墓へよく参ったとのこと。

市川町鶴居からは山を越えると溜池に出る。池を右に見ながら池の土手を越えると山道に交わる。少し下ると谷新田の上月平左衛門の墓があった。現在は、龍音寺に移されている。墓から少し下った所に「かめ」お祖母さんの実家（上月平左衛門家）が今もある。

谷新田村の上月かめは、上月平左衛門三世から数えて三代目・上月権八の娘で、小田原村の日和常吉に嫁いだ。常吉の孫が私の母であり、房雄伯父さんになり、私は「日和かめ」の曾孫《ひまご》になる。

私の曾祖父小一郎（三男）は、日和慶蔵家を継いで新宅したが、義理の兄「日和菊蔵」は幼少の頃、本家が新野高月家（上月景藤の弟で上月改め高月）から養子としてもらい受け、その後長女もとと結婚し、本家を継いだ。菊蔵の子常吉が上月かめと結ばれている。

上月と日和は氏の輪となっている。

なお、日和菊蔵は、明治三十一年（一八九八）、神平宣教所建立に際し良材全部を寄附し、本教の隆盛を図られたことの功績

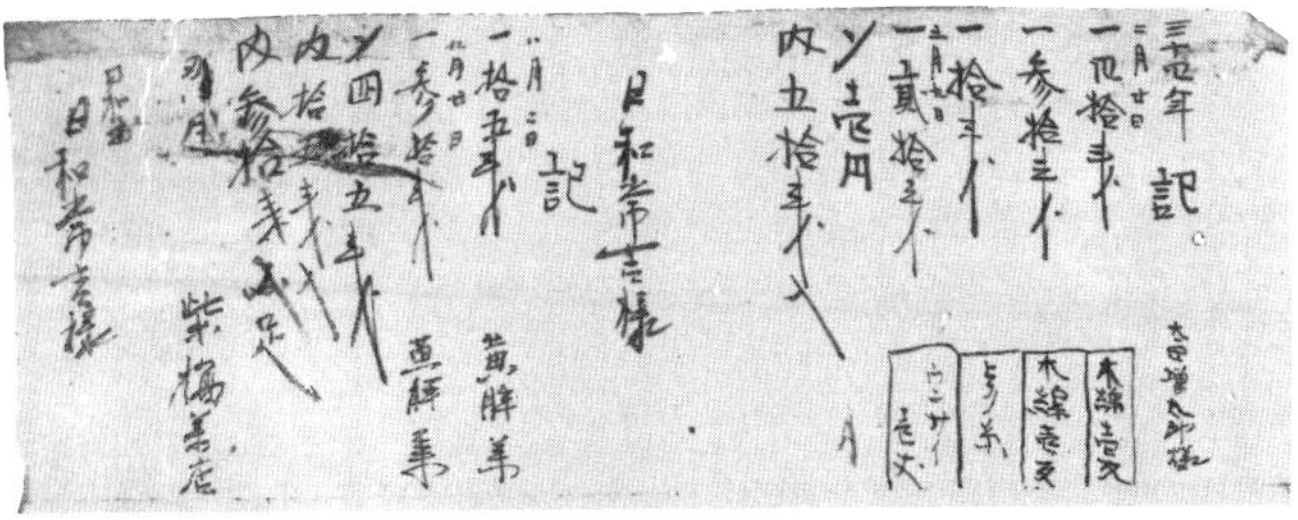

三十四年記
二月廿日
一四拾銭　木綿壱反

日和常吉様

日和村

により、発起者十六名により、碑が建てられた。
碑は前述のとおり、源徳潤書となっている。

地租　日和小一郎

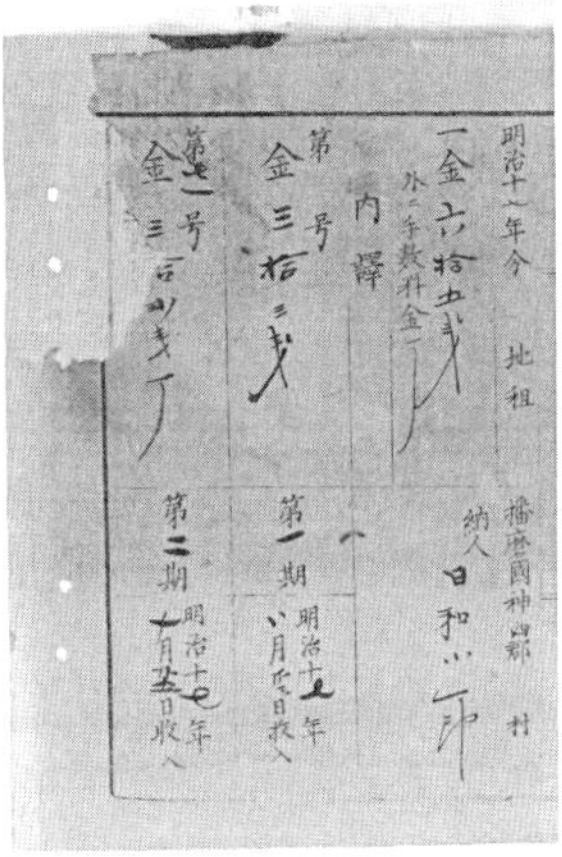

文書
明治十七年分　地租　播磨國神西郡南小田村
一金三円七拾九銭　納入　日和菊蔵

日和慶蔵家の跡継ぎがなかったので、我が家の日和小一郎が後を継いだ。日和慶蔵家の墓地が日和庚申堂及び日和稲荷社の近くにあって、我が家だけの墓地で四十二平米（十二・七坪）の広さがある。墓石の字は読めない。村の人とは別に墓地を持つのは尋常の百姓ではなく、何らかのつながりを持つ郷士であったのだろう。

我が家が宗旨替えをしているので過去帳、位牌はないが、一軒分の墓地としては広いこと、墓地が赤土による小高い丘になっていて横を湧水が流れているので、古墳とまでも行かなくとも、有力者の墓だったのではないか。日和慶蔵家の先祖は、この地域での有力者であったのではないかと思慮する。

○家紋

筆者の家紋は「丸に剣梅鉢」になっている。日和小一郎が本家から引き継いだものか、屋敷、墓地、田、山を買った日和慶蔵家の家紋か不明。近くには大林寺及び他の日和家一軒の計三軒が「丸に剣梅鉢」の家紋になっている。

全国的にも少なく、唯一、原田家と同一である。原田家は朝廷に反乱した海賊・藤原純《すみ》友《とも》の乱を鎮圧したという。

家紋は先祖の一人ひとりの喜び悲しみを見つめてきた証人で、一族の想いが込められた過去と未来を結ぶバトンにほかならない。

○播磨小田原の小田原さん八名

文安三年（一四四六）十二月十五日に日吉神社の懸佛《かけぼとけ》三体、山王宮《さんのうぐう》地蔵大菩薩・薬師如来菩薩・山王宮釈迦の願主、小田原左衛門（左衛門は律令制の官職名で、小田原地区の役員である）。

福本藩池田氏の参勤交代の大名行列「宝永七年（一七一〇）野の内行列」の御長刀《おなぎなた》・御《お》駕籠《かご》「京都の行列」の対御鑓《ついおんやり》の役目として小田原嘉七。

同じく、毎日御先江参候者四名の中に小田原平六。

正徳《しょうとく》元年（一七一一）小田原平八。

福本藩の士籍、正徳五年（一七一五）の覚書《おぼえがき》に「三人扶持、切米弐拾俵、十六歳辰ノ年馬役」、小田原文九郎久吉。

宝暦三年（一七五三）、小田原三助没。

峠の地蔵さん（現・神河町と宍粟市の境）の二体のうち向かって左のお地蔵さんが、江戸時代の嘉永五年（一八五二）子七月、建立され、「小田原世話人小田原五平・小田原輿平」と銘打ちしてある。今ここには小田原さんはおられません。どこへ行かれたのか。

坂の辻峠の地蔵（二体のうち左）
上小田〜一宮の峠

・年代　江戸時代、嘉永5年（1852）7月
・像高　57cm　台輪　24cm × 24cm
・銘　　嘉永五子年七月建　小田原
　　　　世話人 小田原五平 小田原輿平
・像型　丸彫坐像、頭部破損
右の舟形浮彫地蔵は明治35年建

第三章　播磨の小田原村小字日和《ひより》集落と日和姓

一節　播磨の日和山

『播磨国風土記』が湯川の泉源を記録している播磨日和地区は、古い開拓地であったことを証明している。

播磨日和《ひより》の日和山《ひよりやま》は、天和《てんな》年間（一六八一～一六八三）から寛延《かんえん》年間（一七四八～一七五一）頃の絵地図にある。

播磨の日和集落は、山間《やまあい》の海抜約二五〇メートルの盆地にあって、日和集落の南東に日和山がある。

現在、南小田二八七－一、二八七－二、二八七－三に日和山が位置し、日和集落の南東の山になる。二八七－一は日和山字《あざ》草山、二八七－二は日和山字岩山、二八七－三は日和山という。

字《あざ》日和山の北隣が字水根《あざみずね》と呼ばれ、この谷川は上部は石が覆った伏流水のようだが、途中から谷川となり水量は豊富である。谷川下流にため池を造って、稲田、養殖池に水を送っていた。ため池の堰堤《えんてい》跡、水を引き込む樋《とい》の跡が残っている。なお、このたび砂防堰堤が出来た。

○字《あざ》庚申谷

日和山字岩山から西南に下った字《あざ》庚申谷（神西郡南小田二八一番地）に、日和稲荷社（宝永二年〈一七〇五〉十二月創立）があった。現在は庚申堂に移転している。この旧日和稲荷社の横を流れる谷川の水を利用して、お稲荷さん付近を開墾し、畑、稲作を始めて人が住み着いたのだろう。

○日和稲荷社

日和山の東の麓に、稲荷社がある。明治二十一年（一八八八）十月の記録によると、播磨國神西郡南小田村字庚申谷二八一番地（日和山の東の麓・日和地区）、

稲荷社

一　祭神　倉稲魂命《くらいなたまのみこと》

一　由緒　宝永二年（一七〇五）十二月創立口碑アリ

右稲荷社之義本村三十名崇敬人元来寄附ヲ以テ建設及祭事等致来リ候處○ニ庚申社名正誤佛堂編入之義出願仕居候付右稲荷社ハ他移轉ニテモ可致筈ニ候處去九月十日

暴風雨為該社殿其他○皆破壊仕候付最早再建仕永続之見込等難相立候間崇敬人一同協議上廃社仕度○廃壊ニ係ル物件等焼却仕度候付受持祠掌崇敬人総代連署以此段奉願上候以上

明治二十一年十月二十三日

播磨國神西郡南小田村稲荷社

祠掌同郡森垣村　宮本森人

播磨國神西郡南小田村崇敬人總代

稲垣　武一郎

小岩　房次郎

小岩　幸二郎

前書願之通相違無之奥印候也

戸長　辻井榮治

兵庫縣知事　内海忠勝殿

［由緒の読み下し］

右稲荷社は本村三十名の寄付で建て、祭事を行って来た。庚申社に佛堂編入の出願をして来たので、右稲荷社は他へ移転しようとしていたところ、九月十日の暴風のため、社殿等が破壊し、もはや再建し、永続の見込みが困難との崇敬人《すうけいにん》協議の上、廃社《はいやしろ》いたしたく、廃壊《はいかい》に係る物件等を焼却するにあたり、受け持ちの祠掌・崇敬人総連署をもって本件願い上げ奉《たてまつ》ります。以上。

日和の稲荷社は、登録上抹消されているけれども、現在南小田二八四番字庚申谷で日和集落の産土神《うぶすながみ》として奉られている。

四本の赤い旗に「正一位稲荷大明神」と記されている。

正一位は階級トップ貴族で三六四五石、年収二億八〇〇〇万円という。

なお、元は南小田二八一番字庚申谷で現在より二〇〇メートルほど奥にあって、場所は今より広いので、建物の規模ももっと大きかったのだろう。

日和稲荷社

日和稲荷社の周りには、粘り気のある赤土があって、建物の壁土、溝の水漏れ止めに使っていた。

お稲荷さんは、『日本書紀』等によると宇迦之御魂神《うかのみたまのかみ》（穀物・食物の神）をお祭りしてあり、五穀を司る神で、「稲生り《いねなり》」が約音便により「イナリ」となり、その神像が稲を荷《にな》っているところから「稲荷」の字を当てたという。農業神である。

狐を従者（眷属《けんぞく》）にしている神である。

立春から最初の午《うま》の日を初午《はつうま》さんとして祭る。

真言宗では東寺《とうじ》の鎮守神であり、家の屋敷神ともされる。

密教ではインドのダキニ天を稲荷として祀る。この代表が三河の豊川稲荷（妙厳寺《みょうごんじ》・曹洞宗）という。

赤い鳥居は、稲荷神の愛好される色によるとか、神木がカエデだからとか、稲荷山の赤土が霊験あらたかだから、などといった理由によるものという。

稲荷寿司は「お稲荷さん」と呼ばれており、稲荷神、稲生り《いねなり》、つまりお米の出来を司る神様から、俵を模した俵型の寿司が稲荷寿司となった。

・小田原本村下庄の稲荷社

小田原村下庄の稲荷社は、弘化二年乙巳（一八四五）二月十日、京都白川御藤稲荷様勧進にて建立された。

○日和庚申堂

稲荷社の隣に日和庚申堂（南小田字庚申谷二八四番二）がある。庚申堂には、青面金剛像を祀り、日和地区内の南小田二二九番字垣内にあったお地蔵さん、三五三番字橋本のお大師さんを、共に明治四十三年（一九一〇）の合祀令によりに庚申堂に合祀された。

なお、南小田字宮ノ東にあったという毘沙門天《びしゃもんてん》さんが見当たらない。

※日和のお地蔵さんは蓮台（高さ十三センチ）の上に、地蔵菩薩立像《りゅうぞう》、像高二十七センチ、木造彩色、頭を丸め、袈裟《けさ》をかけて、右手錫杖《しゃくじょう》、左手宝珠を持ち通常の延命地蔵である。二十三年ほど前に修理した。

木造のお地蔵さんは、はじめ平安時代に作られたが、途中石造りになり、その後室町時代末期から江戸時代初期に再度木造になったようで、日和の木造のお地蔵さんは江戸時代のものと思われる。

お地蔵さんは地蔵菩薩といい、釈迦牟尼仏が亡くなられてから、未来仏である弥勒菩薩が仏としてこの世に現れるまでの無仏の期間、悩み苦しむ人々を救済する菩薩といわれている。

末法思想が普及するに従い地蔵盆、地蔵講などが出来て地蔵信仰が広がった。

幼くして死んだ子供が、冥途にある賽の河原で石を積んで塔を造っていると、鬼がやってきてこれを崩すので、そこに地蔵菩薩が来て子供を救う。ということから子供の守り本尊として信じられているが、単に幼くして死んだ子供だけのための菩薩ではない。

六道と呼ばれる六つの世界、地獄道、餓鬼道、畜生道、阿修羅道、人間道、天道（天上道）のすべてに及ぶとする。

罪を犯しやすい人間が、この六つの世界に迷うのを救ってくれるため祀られたものという。地蔵の地は万物を生み宝を蔵する意味から地蔵菩薩となり、忍耐強く、動かざること大地のごとく、落ち着いていられるという。

冥土で死者の苦しみを地蔵菩薩が救ってくれる。のちに道祖信仰と結びついて、村境や町の辻に、地蔵尊を建てるようになった。
※日和のお大師さんは座像で石造りになっている。お大師さんは弘法大師で生前は空海である。

真言密教を広めた僧である。

密教はまじないのような神秘めいた教えであるため、空海はすばらしい神通力を現す偉い坊さんだとみられた。弘法大師は信仰の仏として親しまれた。

仏事には宗旨を超えて御詠歌を詠ずる。

御詠歌は真言十六番、天台十五番、法相《ほっそう》二番、計三十三番となる。禅宗その他の宗旨のものはない。

葬送は自分の所属する宗派に頼るが、密教がいち早く庶民に広まったことから、弘法大師を祀る風習が広まった。

葬送は土葬のため、墓の「穴掘り」等をしていた。御詠歌を吟じた。

庚申堂で毎年八月十六日に初盆の供養として大きな数珠を大勢で回す「数珠繰り」をし、初盆宅にも伺って「数珠繰り」をしていた。

山伏も密教による加持祈祷をする。

・庚申《こうしん》さん

庚申《こうしん》さんは神仏名称ではなく、干支《かんし》（エト）によって紀年《きねん》を表す時の慣習語である。

甲・乙・丙・丁・戊・己・庚・辛・壬・癸（十干《じっかん》）の「庚」（こう・かのえ）と、子・

丑・寅・卯・辰・巳・午・未・申・酉・戌・亥（十二支）の「申」（しん・さる）で庚申《かのえさる》の日となる。

人間の体内には虫が三匹いて（三尸《さんし》）、頭の病、胸の病、下のほうの病を起こすという。庚申の晩に、三匹の虫が、爪の先から出て天に昇り、天王（北極星・妙見さん）に、その人の悪口を言いに行く。天王はこの悪口を鬼籍のエンマ帳にその人の寿命として書き、死ぬ時期を定めるという。

そしてこの日に「庚申待《こうしんまち》」をする。

心と身を浄《きよ》め、悪念を遠ざけ、徹夜で神前に参拝することによって、団体共同の幸福が得られるとしていた。仏法の教えより、神道に近い。猿田彦神の崇拝者である鴨族からきており、中国の道教に由来するといわれている。

日和庚申堂参道沿いに提灯《ちょうちん》を下げ夜道を照らした。

コミュニケーションをするなら庚申さんの晩と言われ、老若男女が寄って話し合いをすることが大切と教えている。日和青年会もよく集まって徹夜していた。

・**庚申塔**

平安時代の宮中で庚申の催しがあったという。鎌倉、室町、戦国時代を経て、江戸時代になって世情安定とともに全国に広まって行き、庚申待《こうしんまち》は庶民の行事になり盛んになった。しかし、この頃庚申さんの対象となる仏（神）が固定していなかった。阿弥陀如来、地蔵菩薩、薬師如来、大日如来等、種々の仏像であった。庚申塔の祭神も一定していなかったが、塔建立を盛んにするようになって、密教では庚申の本尊として青面金剛を祀っている。

日和庚申堂の創立記録が見当たらないが、木像及び大正十四年（一九二五）改築時の状況等により、江戸時代末期と推定される。

なお、改築するにあたり、庚申堂の木を売り払っている。「『庚申堂』檜・杉各二本売払いの件。最低七十円。入札規定　大正十四年四月二日伐採期限」とある。

また、別紙に建て替え用の材料として、木造りの柱の長さ、太さ、本数等、明細書が残っている。

参考　瀬加庚申堂の縁起によると、「庚申は申の時より崇め奉り、子丑の時に餌酒を供え、青面金剛釋迦不動を本尊と念ず。一六八二（天和二歳八月穀田）」とある。

日和庚申堂は江戸末期の慶応《けいおう》元年（一八六五）の頃には「庚申坊主」という女僧が守りをしていた伝説がある。

昭和五十五年（一九八〇）の庚申谷作業道設置工事の際、日常生活に使用していたと見られる、井戸を確認した。

・青面金剛《しょうめんこんごう》の容姿

青面金剛像は一身で四臂《しひ》、右の上臂は剣を持ち、下臂は三股（矢）を握り、左の上臂の掌《てのひら》は一輪をつまみ、下臂は羂索《けんさく》を持ち、身は青色、顔は大きく口を張り、牙《きば》は上に出る。眼は赤く、顔に三眼あり、頭髪は逆立ち火焔《かえん》のごとき色である。

左右に香炉《こうろ》を捧げた二童子が立ち、足は邪鬼を踏み、台の左には斧、槍を持った二鬼、右に剣、金棒を持つ二鬼の計四鬼、四鬼の間に「見ざる、言わざる、聞かざる」の三猿《さんざる》が座っている。さらに二鶏がいるものもある。

日本二躰八坂庚申堂絵像二躰は神仏混合の神と仏のことで、青面金剛像の後ろに神が居られる。

庚申祭の本尊は青面金剛であったり、「見ざる、言わざる、聞かざる」の三猿神であったり、時には帝釈天《たいしゃくてん》であったりする。

日和庚申堂の青面金剛立像は像高四十五センチ、木造彩色一身で六臂、右の上臂は槍、中臂は矢を握り、下臂は剣を持ち、左の上臂は何も持たず、中臂に弓、下臂で人の頭髪を持ち、ぶら下げている。左右に香炉を捧げた二童子が立ち、足は邪鬼を踏み、その前に「見ざる、言わざる、聞かざる」の三猿が横並びで立っている。三猿は願猿になっている。江戸時代の作であろう、青面金剛の後ろには神が居られる。神は猿田彦神のことだろう。ゴム版を板に貼った青面金剛の絵像の写しを持ち帰って礼拝していた。

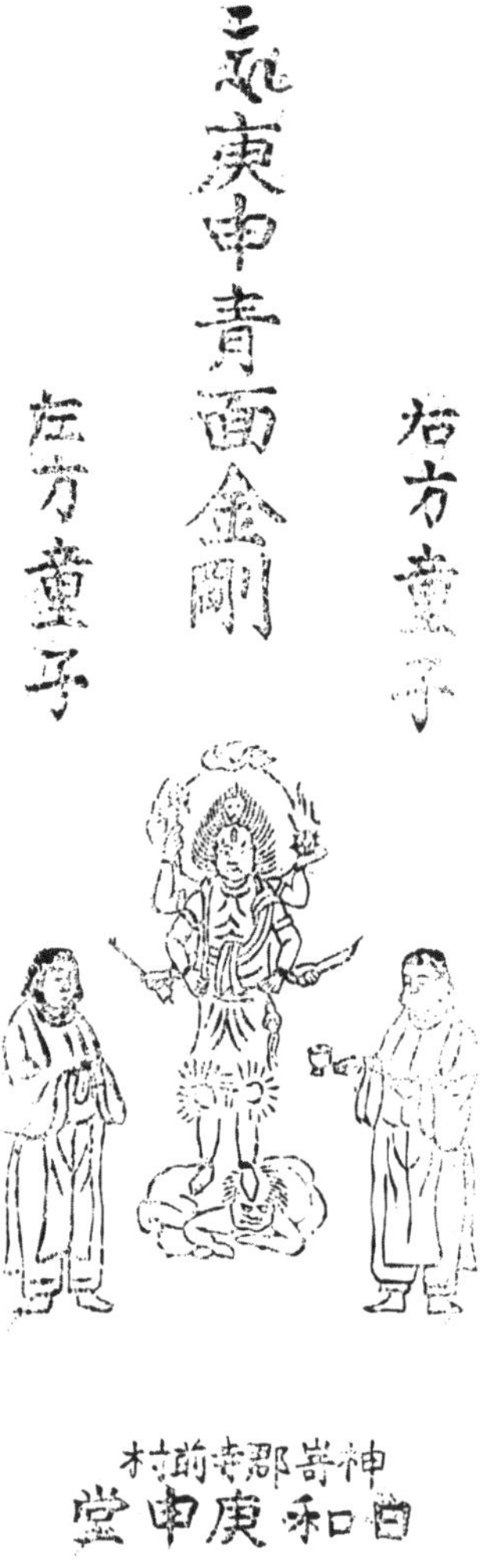

庚申堂版木

絵像には三猿がない。

死者の生前の罪状を審理し、賞罰を司る神となった。

・三猿

三猿については、

一、山王さんを本尊として、その「おつかい」である猿が関係あると考えた。

二、修験者（山伏）が関係していて、修験道で説いていることが、庚申信仰の中に取り入れられている例が多いという。「亀底《かめぞこ》（亀は神の転）」と呼ばれる山の中腹に立岩嶽《たていわだけ》の神変大菩薩と日和庚申堂の青面金剛を結ぶ歩道があった。まさに一体のものであろう。

三、神道によると、猿田彦神を本尊とし、猿田彦の猿と庚申の申《さる》の音が同じところから来ているという。

悪いことは何事も「見ざる」「聞かざる」「言わざる」ようにするよう反省を促したものという。

和の精神が庚申さんの願いだ。人の嫌がること、人の欠点を言わないことで、これを一族の申が「見ざる・言わざる・聞かざる」の姿で、示している。

庚申さんの申《さる》を象《かたど》ったお守りは、魔除《まよ》けを意味する。災《わざわ》いを代わりに受けてくださることから「身代わり申《ざる》」と呼ばれている。また、願い事を書いて吊《つ》るすと、願いが叶うと言われ、「願い申《ざる》」ともいう。

日和庚申さんはイボが出来れば、庚申さんにある身代わり申《ざる》を預かって帰り、毎日イボを撫《な》でているとイボがなくなる。なくなれば一つ新たに【さる】を作って、庚申さんに倍返しをする。

二か月ごとにある庚申の日にお参りをすると、昔は赤・青・白の団子を金貝《かながい》ですくって頂いた。三色の団子は服薬を意味していたようだ。

また、昔は庚申さんの日に、小梅おばあさんが店を出されていた。一銭で鉄飴《てつあめ》（キザラのこと）三個、または、ねじ菓子（かりん糖のこと。ねじれた部分に占いの紙が入っていた）を売っていた。

無病息災、家内安全、身体健全、除災無難、当病平癒、諸願成就、五穀豊穣のお陰があるという。

日和稲荷社（宝永二年〈一七〇五〉と日和神社（天明三年〈一七八三〉）は、同時期に建立されたようだ。日和庚申堂は江戸時代後期だろう。

字《あざ》庚申谷から一つ尾根を隔てて、字古屋谷《あざこやだに》に出る。

○字《あざ》古屋谷

字《あざ》古屋谷の「古屋」は、屋敷があって、古くから小屋があったので「古屋谷」といった。また、字《あざ》古屋谷を「ソラノカイチ」と呼んでいた。今でも通じる人が居る。「空の垣内」と漢字をあてることができる。空は上方（高い）の意。垣内は田に囲まれた小集落の意。

古屋谷川が流れていて、谷は深く、水量は豊富である。この水を利用して畑、稲作をし、人が住み着いたのであろう。

古屋谷川の縁《ふち》には屋敷跡らしき場所があり、礎石《そせき》と思われる石がある。その付近に山神さんの祠《ほこら》があった。手水石と思われる巨岩があり、屋敷跡とする石崖が残っている。

山神は林業神で大山祇神《おおやまつみのかみ》が崇められている。山の神の祭日には入山を忌み、伐採を始める前には酒、塩を供え、山の神に無事を祈る。人の住み着きを思わせる。

ここから谷川を一〇〇メートルほど下った平地には、長さ二十センチ・幅十五センチ・高さ十五センチほどの石に、直径二、三センチ・深さ三センチほどの甌穴状《おうけつじょう》の穴がある石が散見される。

甌穴は「かめあな」、「ポットホール」ともいう。釜状の穴である。

この穴は、岩のくぼみや割れ目に小石が入り込み、小石が水流に押されて円形に回転して深く削られたもので、穴には丸くなった削った小石があるという。

この甌穴は女性を表していて、子宝に恵まれますように、安産ができますようにと甌穴石に祈っていたようである。

東北地方に居た蝦夷が当地に移送されたのであれば、甌穴石に祈る程度の行為は当然と言えるかもしれない。なぜなら東北地方の遺跡で屈折像土偶が発見された。この土偶は女性がしゃがんで脛《すね》に肘を置き、両手を合わせて祈っているような姿である。女陰の形もあって、出産している姿であると言われる。近畿地方へも伝わり、同じ姿の屈折像土偶が出ている。

古屋谷には数軒の人家があったと古老から聞いた。さらなる左岸には棚田の跡がある。

近世では、古屋谷川沿いに十一枚の田があって、昭和三十年（一九五五）頃まで耕作されていた。

日和さんは山中に番小屋を建てて、田を荒らす猪を夜通し見張っていた。

古地図にも、山中に原野、畑の表示がある。

字《あざ》古屋谷、字《あざ》水根、字《あざ》日和山、字《あざ》庚申谷に隣接する山裾《やますそ》の住居地を垣内《かいち》といっている。

現在の日和集落一部の小字《こあざ》名である。

○播磨日和山

字限《あざかぎ》り図《ず》では、日和山字草山となっている。

現在、この付近は山の広いなだらかな傾斜地であって、中ほどのたくさんの石の中に礎《そ》石《せき》と思われるような石もある。ここに日和神社があったのだろう。移転して山を越した大河才谷に行き、現在は大河大歳神社に合祀されている。

日和山の峰付近が字岩《あざ》山である。立岩神社旧跡の峰続きになっていて、日和山字岩山は神山と考える。

字《あざ》草山を流れる谷川の水を利用して、畑、稲作を始めて人が住み着いたのであろう。

○播磨日和《ひより》神社と日和氏

・兵庫縣播磨國神西郡大河村七二三番字才谷（サイタニ）

無格社　日和神社—由緒　不詳（朱書き）

天明三年（一七八三）二月再建
・兵庫縣播磨國神西郡大河村七二二番字才谷
無格社　塞神社―由緒　不詳（朱書き）
明和五年（一七六八）十一月創立

この両神社付近にあったのではないかという「抱き地蔵尊」が、霊亀山妙楽寺の境内に安置されている。木像のほっそりとしたこのお地蔵さんを抱くと願い事が叶《かな》うという。

日和神社、塞神社ともに、明治二十二年（一八八九）に大歳神社（大河村字井ノ上）に合祀された。

日和山字草山に日和神社があったのが、大河村才谷に移転したのだろう。

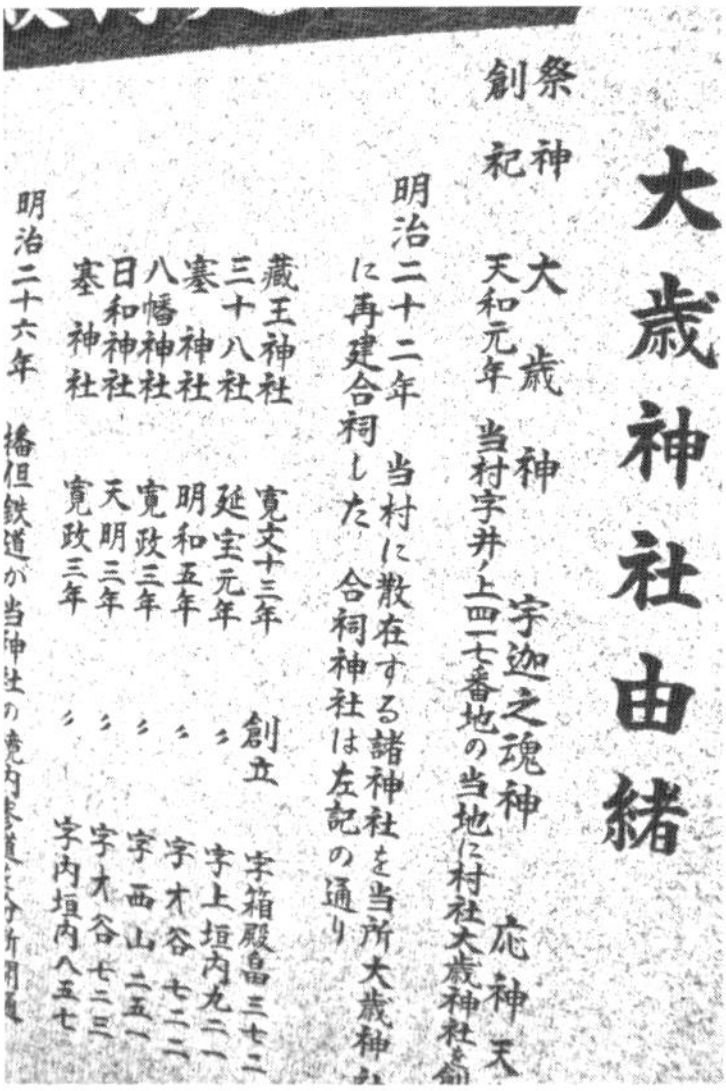

日和神社　大歳神社に合祀

移転理由

①日和神社のあった大河字才谷は、日和山（南小田字日和）から北東の方向で市川を越えた東岸になる。

鎮守とするお宮が祀り場所を替えたのは、庶民生活に深くかかわっていた鬼門筋によるものだろう。鬼門筋には神社をお祀りして浄《きよ》め、お祈りをした。

字《あざ》水根、字《あざ》古屋谷にあった旧日和集落からすると、立岩明神社の旧跡である立岩嶽の中腹にある祠（日和集落から真正面になる）及び旧日和稲荷社が南西の裏鬼門《うらきもん》になり、日和山字草山にあった日和神社旧跡地を表《おもて》鬼門である北東の方向の大河才谷に移した。

②才谷のような地名の「才」の字は、鉱物が採れる所についていた。鉱物を採るため、及び福井新田開発（元禄元年〈一六八八〉～宝永元年〈一七〇四〉）のため、移り住んだのだろう。福井新田開発終了後の翌年に日和稲荷社建立、八十年目に才谷の日和神社建立である。

日和神社の氏子は日和氏とその親族だったのだろう。

日和神社と立岩明神社は、まさに日和集落の守り神であった。

播磨國神西郡小田原村字日和の日和家系永代記録によると、**「夫　喜七郎　享和二戌年**

（一八〇二）八月二十九日歿」とある。誕生日の記載がない。喜七郎の先代もあるようだが、名前が書いてない。

日和神社再建（天明三年〈一七八三〉）が二十年前だから、喜七郎は生存していただろうし、神社再建に関係していただろう。明治二十二年（一八八九）、日和神社が大歳神社に合祀の際は、喜七郎の末裔（日和立吉）が玉垣《たまがき》の寄進をしている。

大林寺の火災で古い過去帳がないため、墓石によると、他に日和氏は宝永六年（一七〇九）、宝暦六年（一七五六）、明和元年（一七六四）、寛延三年（一七五〇）、文化三年（一八〇六）、文化十年（一八一三）、弘化二年（一八四五）が見え、小岩氏に享保三年（一七一八）、寛永七年（一六三〇）、天明元年（一七八一）、文化九年（一八一二）が見える。

庶民が墓を建て始めたのは大体元禄以降であるから、それまでの銘ある墓石は江戸時代中期頃に後代に財力が出来て、遡って建立したものが多い。位牌も同じことがいえる。

しかし、財力のある農民は、慶安（一六四八～一六五一）、万治（一六五八～一六六〇）寛文（一六六一～一六七二）年代に建てているかもしれない（『郷土の歴史』（前掲）より引用）。

笠付墓標、唐破風《からはふ》笠付型墓塔は、江戸時代の寛文年間の頃急増した。笠付墓標は寛文以降の型である。旧墓標を造り直したものがある。

戒名　院号、居士大姉、禅定門、信士信女、準檀家
祠堂《しどう》は田、畑、山林などをお寺に渡して、仏の菩提安穏を供養願うものであった。
現在の信士から居士へ、居士から院号へと法位を上げるためではなかった。現在は号料による。号料は住職の自由である。

○古代日和集落

古代日和集落は日和山岩山を神山とし、その麓の日和稲荷社、日和庚申堂付近を居住地とし、日和山から峰伝いの南西方向になる立岩嶽を崇拝していた。

一方、日和山草山に在った日和神社、水根、古屋谷付近を居住地とし、北東方向の大河才谷には日和山草山にあった日和神社を移転して配した。これは日和集落の鬼門の筋に宮を配している。

○えんま坊古跡

字《あざ》日和山岩山の尾根の切り通しがある所を越えると、寺前西山の通称「えんま坊古跡」

がある。

西山は海抜四二五メートルに位置し、屋敷跡は約一〇三五平方メートル（南北約二十三メートル×東西四十五メートル、三十一・四坪）あって、建物の礎石がある。また宝篋印塔の一部で宝珠あるいは空輪、五輪塔の火輪部分が残っている。

一段下には石垣を積んで平地《ひらち》になっている所もある。

平成十四年（二〇〇二）設置の大河内町教育委員会の標識には、「寺前西山寺院跡、建立者　北条時頼　山王本地佛最明寺とする。寺院建立年　鎌倉時代　建長七年（一二五五）」とある。

●昔、大化年中（六四五～六四九）に法道仙人が扶桑国に飛来し、法花山一丈寺を建立した後、当山に来て法相宗の精舎を興し給う。星霜を経る内に伽藍消失し小宇一宇を残すだけとなった。

（「最明寺畧縁起《さいみょうじりゃくえんぎ》」抜粋）

［解説］

○昔、大化年中（大化元年～五年〈六四五～六四九〉）に法道仙人がインドから日本国に飛来した。

実際の法道仙人は「空鉢仙人《からはちせんにん》」と称されている伝説的な人ではなくて、俗姓は辛矢田部《からやたべの》造《みやつこ》米麻呂《よねまろ》という人だった。

辛矢田部造米麻呂（通称「法道仙人」）は、現たつの市矢田部出身の人だった。名前の「辛」は「韓」の当て字であって、韓系の渡来人であった。矢田部地区の韓人を支配した造《みやつこ》（地方の豪族に朝廷から与えられた尊称である・姓《かばね》）という。

米麻呂の元の法名（僧侶名）は「徳道」といい、随願寺（姫路市白国・中興を行基《ぎょうき》が行った）や長谷寺（奈良県）で修行された。行基の弟子となって諸国に多くの寺を始めた。徳道という法名が草書体で書写されるうちに、徳が法の字のようになったから、後世「法道」と呼ばれるようになった。

法道仙人から何代も後の弟子が建立していても、法道仙人が建立したとしているので、多数あることになる。

飛鉢《ひはつ》伝説は中国の唐時代（八～九世紀頃）に、道教とインドの呪術（まじない）を混ぜてつくられた密教の秘法である。

千手宝鉢《せんじゅほうはつ》という特殊な呪術的医療方法で孝徳天皇（在位六四五～六五四）のご病気を治したことから全国に知れ渡った。

法華山一乗寺（加西市坂本町。天台宗）は、本尊・十一面観音菩薩（法道持来仏像）で、開山は法道仙人。大化のすぐあとの白雉《はくち》元年（六五〇）、飛鳥時代の創建とされている。

播磨には法道仙人開基（伝承）寺院が一二四か所ほどあって、寺前西山の「えんま坊」古跡も飛鳥時代中期頃の一つとなる。

法相宗《ほっそう》（唯識《ゆいしき》宗・慈恩宗・中道宗ともいう）の学問精舎を興された。人里離れた場所で学問、研究をしていたが、のちに民衆に説くこととなった。

慶雲二年（七〇五）、華厳《けごん》宗が隆盛になると法相宗は次第に衰えた。

法相宗は奈良時代（七一〇～）、平城京を中心に栄えた南都六宗の一つで、平安時代には別院（院家）として真言宗の真言院が置かれるなど、次第に密教の影響を受ける。

密教（呪文や冥想など神秘的な力を根拠に悟りを開こうとする仏教思想）は秘密の教えを意味する。大日如来が悟りの中で説く、絶対の真理の教えという。空海が伝えた真言宗（密教に特化した仏教思想）系の東密《とうみつ》、最澄が伝えた天台宗系の台密《たいみつ》がある。

●鎌倉執事北條相模守時頼入道この地に一夜逗留《とうりゅう》ありて、山王権現（弥陀・釈迦・薬師の三尊）が時頼に告げて言うことには「この山に伽藍を再建すべし」との神託により、山王の本地仏として行基菩薩御作薬師如来を安置し、山を来留山、寺を最明寺と改める。

太閤秀吉公　天正の兵火にて焼失、医王善逝《いおうぜんせい》は火災の中より出し奉《たてまつ》り。寛文の頃より密宗と改め瑜伽《ゆか》三密《さんみつ》の教風を仰ぐ。病ことごとく除き、医王殿に安息する事疑いのないものである。

これは北條一代記に見えたり。

山王並びに薬師如来のほどこしを受け諸願成就すること疑いなし。

（『続　最明寺畧縁起』抜粋）

［解説］

○鎌倉幕府第五代執権・北条相模守時頼《ほうじょうさがみのかみときより》（在職、寛元四年〈一二四六〉三月二十三日～康元元年〈一二五六〉十一月二十二日）が建長七年（一二五五）廻国巡来あって、当地に一夜留まられたところ、時頼に山王権現から「この山に伽藍《がらん》を再建すべし」との神託により、山王の本地仏として行基菩薩御作薬師如来を安置し、山を来留山、寺を最明寺と改めた。

なお、時頼は執権を辞した後、出家して最明寺入道、最明寺殿と呼ばれた。三十七歳没。山王権現は山岳信仰と神道、天台宗が融合した神仏習合の神である。天台宗の鎮守神で日吉山王権現とも呼ばれている。神河町比延の日吉神社の祭神である。

太閤秀吉公による天正年間（一五七三〜一五九一）の兵火にて焼失、医王善逝《いおうぜんせい》（薬師如来のこと）は火災の難をのがれた。

寛文元年（一六六一）の頃より、密宗と改め真言瑜伽三密《ゆかさんみつ》の教風を仰ぐ。病ことごとく除き、医王殿安堵すること疑いなし。

薬師如来は大乗仏教における如来の一尊。大医王、医王善逝とも称する。真言瑜伽三密は身《しん》密・語《く》（口）密・意《い》（心）密、三修の秘伝。このことは『北條時頼一代記』に記述がある。

山王並びに薬師如来のお陰で諸願成就すること疑いなし。

現・高野山真言宗来留山《きたるざん》最明寺は、天台宗の分派である寺門派の高野山真言宗密教（東密・大日如来）総本山金剛峯寺《こんごうぶじ》に属している。

最明寺所蔵の古文書に「えんま坊」と記してあることを確認できた。

閻魔天はサンスクリット語名「ヤマ」で、音写して閻魔《えんま》、焔魔《えんま》、夜魔《やま》となった。

インド神話によるとヤマは人類の始祖で、天界で最初に生を受け、最初に死んだ人間という。

道教によりヤマは人間の生死、寿命、富貴、貧賤をコントロールする神となった。

北斗星君《ほくとせいくん》（北斗七星）、南斗星君（南斗六星）をそれぞれ神格化した神である。前者は人間の死後を司り、後者は生きている人間を司る神である。

どちらかというと北斗星君の信仰が盛んで、三官大帝（天宮は福を賜り、地官は罪を赦《ゆる》し、水宮は水厄を解く）とともに地上の人間や死者の善悪を調べる神とされる。悪行が多ければ、その管理を地獄の王に命じる。地獄の王は史籍に寿命を記すとされている。

ただ、熱心に信仰すれば死籍を削り、除災招福を与え、長生きさせてくれる神でもある。

飛鳥時代に法道仙人がこの地に寺を建て、のち法相宗の精舎となり、法相宗が密教の影響を受け衰退し、密教僧が修行していた。密教僧も民衆に教えを説くために山を下りた。

世間一般に呼ばれている「えんま」は、焔魔天または焔魔大王のことである。また、「閻魔天」と漢字を当てている。

焔魔天（閻魔天）はインド神話の「ヤーマ」が仏教に取り入れられ天部となった。閻魔天は運命、死、冥界を司る。

密教においては南方焔魔天と呼ばれ、仏教世界の南方の守護を司っている。除災、息災、延寿、産生を祈願する。

焔魔大王は延命除災を祈願する。

お姿は、白い水牛に乗り、右手に人頭幢《にんずどう》という人の顔が付いた杖を持っている。その顔には人を見る目、かぐ鼻があり、、罪人の悪行を見つけたり、かぎつけたりする役割を持っている。

閻魔大王が死者の罪悪を記した帳面が閻魔帳である。昔はそれをもじって、学生の成績、素行を書いたものや、職場での勤務成績を記録したものを閻魔帳といった。

閻魔大王は、地獄の裁判所である閻魔庁の一段高いところで冠を着け、椅子に腰かけて、手に笏板《しゃくいた》を持って、死者をにらみ、脇に鏡を置き、亡者の罪悪を逐一記す。その帳面が閻魔帳といわれる。

「えんま坊」の「えんま」は焔魔天のこと、「坊」は僧が居た場所のこと。

えんま坊は最明寺の前身と認識する。

修験道もまた道教と密接な関係を持っている。道教の信仰習俗も濃厚に受け継いでいる。修験道は山で修行することが前提となっていて、行者が入山するにあたって、魔除けのお守りとして、霊符や鏡を必ず携帯したようである。奈良大峰山の周辺から多くの鏡が出土している。

金峯山寺《きんぷせんじ》修験宗の総本山金峯山寺で配布しているお守りは鏡であって、その裏に道教の護符《ごふ》である五岳真形図《ごがくしんぎょうず》が鋳造《ちゅうぞう》されている。

修験道は験者や山伏などによって神仏の祭器供養、加持祈祷、悪神邪霊の調伏《ちょうぶく》などの修法《しゅほう》を行った。

道教による年中行事には、屠蘇《とそ》（おとそ）、七草、端午の節句、茅《ち》の輪くぐり、邪気を祓《はら》う桃の力、お中元（上元、中元、下元のひとつ）、七夕（裁縫の上達願い）、てるてる坊主などがある。

なお、前述の「庚申さん」の項に記したように、三匹の虫が天に昇り天王にその人の悪口を告げ、天王は鬼籍の閻魔帳にその人の寿命を書き、死ぬ時期を定めたこととも関連している。

えんま坊と呼ばれるところは道教と仏教、及び修験道がからんだ場所となっている。

・えんま坊古跡へのルート

第一ルート：A最明寺・城山谷川・大池・E水神雷神・F大瀬の滝・E・大池・西山谷川・Gえんま坊（西山寺院跡）。

寺前集落から左に奥の城跡を望みながら大池（大池の底の中央北寄りにある十トンほどの大石が焔魔さん第一山門という説あり）の横を通り、瑜伽三密（身口意三修の秘伝）の教風ある大瀬の滝には左岸に弘法大師（空海・東密）、右岸に不動明王（密教五大明王の一尊で死者の霊を弔い縁起を治す）、役行者《えんのぎょうじゃ》、金剛蔵王権現（役小角《えんのおづの》が祈念すると山を守る力のある仏が現れた）が祀られている。

第二ルート：U大河寿福寺・西山・城山谷川・F大瀬の滝・E水神雷神・大池新山谷川・Gえんま坊。谷川が途中で分かれているので右側の谷川を登り、谷川の源流付近を西へ進むのだが、歩道のない林の中になる。目的地は町教育委員会設置のポールの標識。

第三ルート：日和集落・古屋谷堰堤・I日和神社旧跡・日和山・H切り通し（堀切、索道跡）・Gえんま坊。

第四ルート：J日和稲荷社・庚申堂・庚申山・稜線・日和山岩山・H切り通し・Gえんま坊。

第五ルート：P立岩神社・宮野橋・宮野公民館・V廻国塔、大日如来、地蔵菩薩、信寂庵・Q立岩嶽・Q立岩明神旧跡、神変大菩薩・W壱の谷稜線・日和山稜線・H切り通し・Gえんま坊。

第六ルート：J日和稲荷社、日和庚申堂・亀底・Q立岩明神跡。

日和庚申堂から字《あざ》亀山（亀は神の転）の中腹を小田原川に沿って（現在不通・間伐されるのを待っている）進むと立岩嶽の東の端に着く。頂上より少し下がった岩の窪みが立岩社（現・立岩神社）の旧祠跡だった。社殿建物の土台石が六か所ある。祭場前の広場は約十二平方メートルある。

現在は役行者の神変大菩薩が錫杖を持って祀られている。明治二十四年旧七月吉日（一八九一）建立。神変大菩薩像を刻んだ石の高さ八十センチ、幅二十七センチ、座石高さ三十二センチ、幅四十五センチ。この座石の正面に発起者宮野村一名、日和最寄一名、世話人宮野村五名、座石の左面に宮野村三名、外有志者中と刻んでいる。

世話人の一人、立岩さんは大正年代（一九一七年頃）に岩の頂上に小屋を建て、「行」に精進されたという。山伏さんであったようだ。

前面に約十二平方メートル（三メートル×四メートル）の広場がある。菩薩像の上は屋根のように岩が覆っている。

これより西へ岩肌を進むと、岩を直角三角形の二辺の状態（底辺約一メートル六十センチ、傾斜角約四十五度、高さ約一メートル七十センチ）に切り抜き、西へ約十メートル掘ってある。そこから川の方を見ると、そそり立っていて、足元は岩が見えず、川面だけが見える。屏風の横断（別名・蟻の門渡り）という。ここは修験者の行場であったようだ。

この通路を通るか、少し上の岩肌を通り急降下すると、宮野屋台小屋の裏に至り、県道八号線（加美山崎線）に出る。県道端に立岩神社の鳥居がある。

えんま坊ルートは密教僧、役行者（山伏）が行き交った聖地である。さしずめ高野山金剛峯寺にあたるのが、えんま坊・最明寺で、高野山を開いたのは役行者であったので、ここ城山、西山、日和山、庚申谷、立岩嶽も同じである。

まさに神河町の吉野大峯山といっていいだろう。

つつじの花咲く頃、弁当持参でえんま坊第四ルートを通って、寺前大池へ遠足に行っていた。

田植え時期になると山ノ神がつつじの花を持って山を下りて田に来る。秋の収穫が終わると山に帰るという。

つつじの花が咲く四月頃には、つつじの山歩道になる。

山ノ神は古来、林業者や鉱山業者が山での事故を防ぎ、産業の守護神として山を崇めていたことに由来し、山ノ神は女神とされている。

山の中では、山ノ神が忌み嫌う言葉を避けて、例えば大便をキジ、便所をキジバ、小便をミズキジ、オナラをカラキジと言っていた。

また、昭和十二年（一九三七）頃、えんま坊第四ルートが小田原から寺前尋常高等小学校への近道となるのでときどき山道を歩いて通学していた。

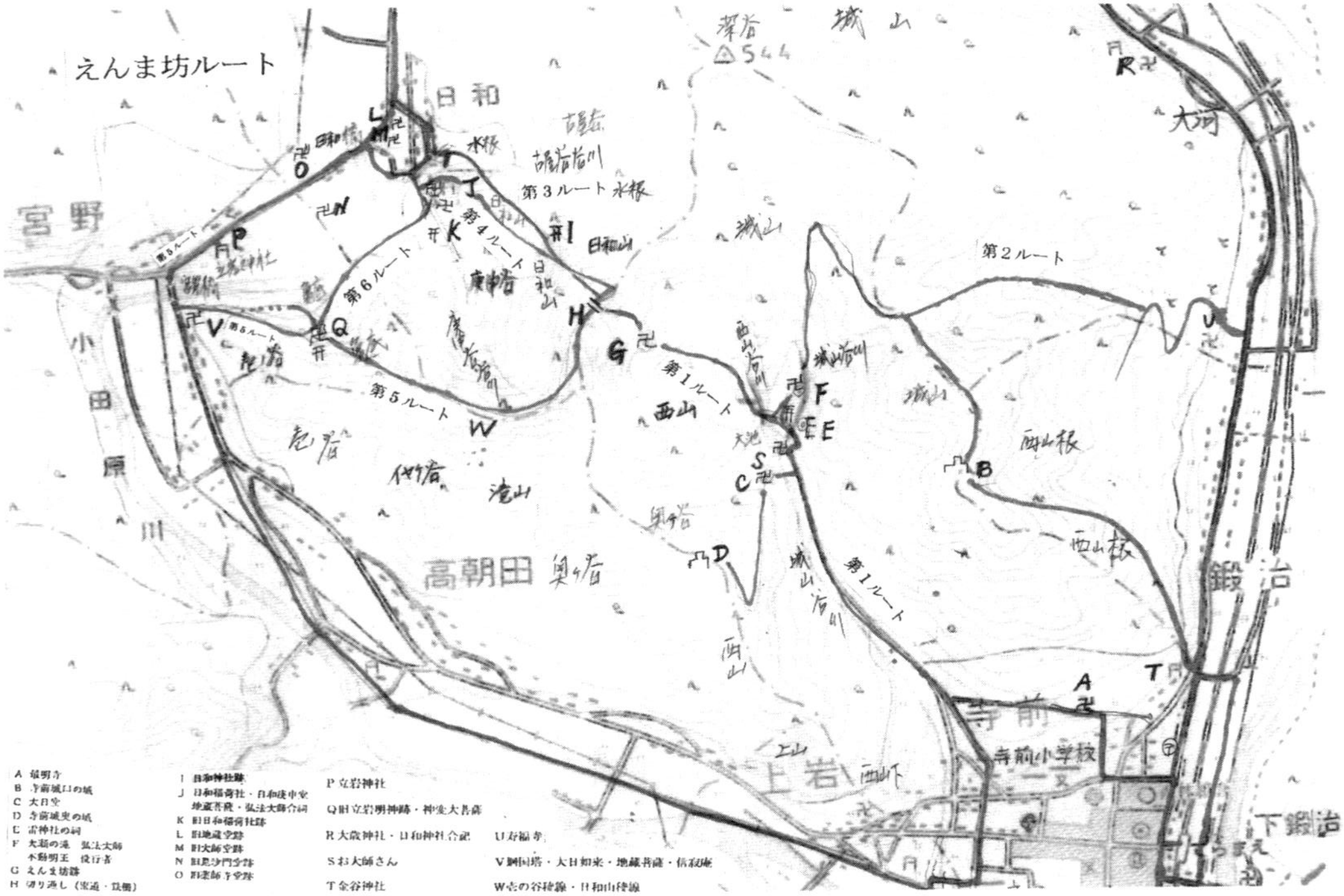
えんま坊ルート
日和
宮野
小田原川
城山
△544
大河
第1ルート
第2ルート
第3ルート
第4ルート
第5ルート
第6ルート
西山
高朝田
鍛冶
下鍛冶
寺前
寺前小学校
上岩
C 大日堂
G えんま坊跡
H 切り通し（室道・鉄柵）
K 旧日和稲荷社跡
L 旧地蔵堂跡
M 旧大師堂跡
N 旧毘沙門堂跡
P 立岩神社
R 大歳神社・日和神社合祀
S お大師さん
T 金谷神社
U 寿福寺
W 壱の谷稜線・日和山稜線

えんま坊ルート

二節　丹波の武蔵落人《おちうど》日和武士碑

○丹波の武蔵落人先祖の墓

丹波國天田郡上夜久野村直見の日和家墓所
弘仁元年（八一〇）二月十五日
南無阿弥陀佛
武蔵落人日和武士先祖の墓
上棟中

このような石碑が建っている。
弘仁《こうにん》元年（八一〇）は平安時代初期であり、荘園が増えて土地を守るため

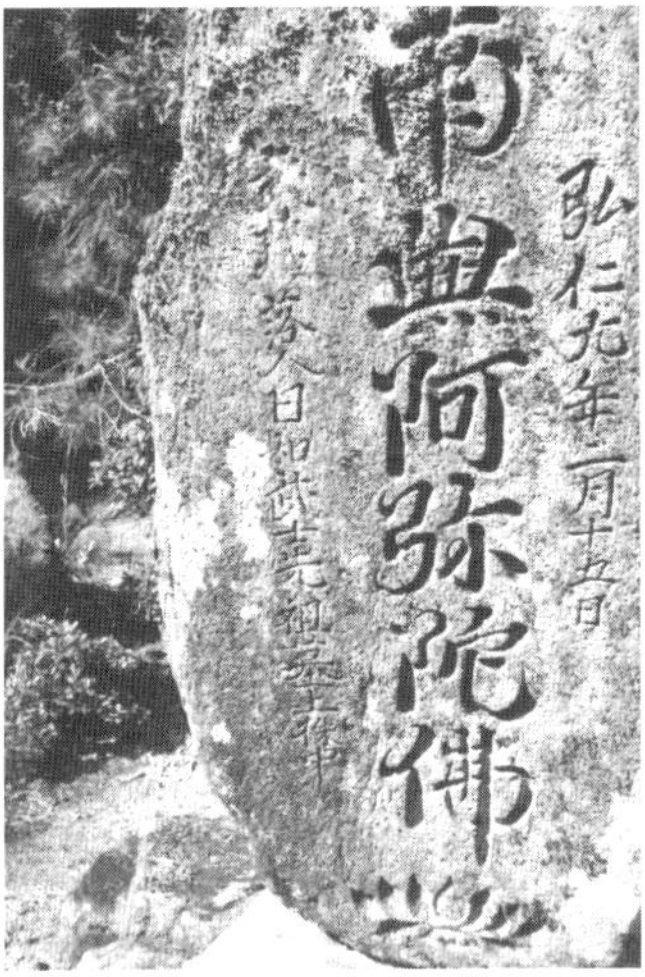

武蔵落人日和武士の墓。武蔵国は現在の埼玉県付近

武力が必要になっている時代で、承平五年（九三五）頃には、武士団が出来始めている。「直見《のおみ》」は**石見国の「直見石《たたみいし》」の「直見《たたみ》」から来ている**と思われる。「直見石」についてはあとで詳述する。直見の日和おばあさんのお話では、「武蔵落人」と書いてあるが、武蔵の方角から来たのではなく、西の方角から来たと聞いているとのこと。

武蔵国は現在の埼玉県、東京都、神奈川県になり、中心の武蔵野は埼玉川越と東京府中になる。西から来たというのは、石見国邑智郡邑南町日和から来たか、播磨小田原村字日和から来たのだ。

直見には二十軒ほどの日和さんが居られる。

日和おばあさんの義父は、京都の上夜久野村史刊行委員会代表・日和重次郎元村長で、重次郎氏が自ら、播磨小田原日和の我が家に来られたことがある。母が面談、私は不在。

○天明の日和家図面

京都府福知山市夜久野町直見山中には、天明元年（一七八一）頃の建築と伝えられる**日和太右衛門（当主辨之助氏）家**がある。八畳間の許可には制限があったので、曲尺《かねじゃく》一尺縮めてやや小さくし（これを「一曲《かね》ぬき」という）、名目を六畳間としていたものである。

なお、当家は現在建て替えられている。

日和太右衛門家と同じ墓地内の他の日和家の石碑には、日和家は元・朽木姓であったが、当時夜久野城の殿様と同じなので変えるようにということで、殿様から日和姓を賜ったと記してある。

第四章　石見国（島根県）の日和《ひわ》

一節　石見国日和《ひわ》城跡

二月の小雨の中、母親と一緒に島根県邑《おお》智郡邑南町《ちぐんおおなんちょう》日和《ひわ》を訪ねた。日和城跡の麓にお住まいの、元日和城の式典を司る役の末裔である寺本様に、偶然にもお目にかかった。

早速、雨の中（母は寺本家で留守番）、山頂の日和城跡等の案内をしていただいた。日和城跡は標高四九六メートルの山頂にあり、日和村が一望できるところであって、見張りをする出城だったのだろう。日和城の別名を鷹城、打綿城といった。

現在は南北四十メートル、東西十メートルの広さがある本丸跡に、金刀比羅宮《ことひらぐう》（江

金刀比羅宮（日和城跡）。金刀比羅宮の前後含めて頂上全体が日和城跡（鎌倉時代～南北朝時代）。島根県邑智郡邑南町大字日和3121番地

戸時代）が建てられている。よって、金刀比羅城、琴平城ともいうが、これは後世につけられたものである。

※金毘羅《こんぴら》さんは薬師如来の守護神である十二神将の中の宮毘羅《くびら》大王のこと。海上守護神として信仰されている。

鳥居附近の本丸跡には数多くのピット群が見つかり、二つの部屋を持つ掘立柱建物があったことがわかった。瓦の出土はなく、他には土塁、簡単な石垣、陶磁器片、甲冑《かっちゅう》の札と思われる鉄片が出土している。また、寺本氏から寄贈された甲冑がある。

石見日和の日和神社の祭神は天児屋根命《あめのこやねのみこと》（太詔刀命《ふとのりとのみこと》）。

石見町誌の寺本編集委員様にも紹介をしていただいて、貫重なお話を聞かせていただき、そのうえ『邑智郡誌』をお借りした。

日和盆地は標高三三〇メートル、すり鉢状の盆地で四面を山で封鎖されている。数日前には雪が五十センチ積もったそうだが、この地は全体的に軽湿気であって、霧はほとんどかからない。だから日照が豊かで乾燥するという、さわやかな気候の所だそうだ。

翌日は、澄み切った青空のもと、はるか彼方《かなた》の山の円形の稜線に雪が積もり、緑・白・青の爽やかな大パノラマだった。

○但馬妙見宮と石見妙見宮

但馬国八鹿村《ようかむら》の妙見山《みょうけんさん》には、延喜式名草《なぐさ》神社がある。現在は七キロメートル下がった麓の但馬八鹿妙見日光院としてある。元は石原山帝釈寺日光院といい、真言宗の寺院であった。明治二十七年（一八九四）、山号を改め寺号を廃して、妙見山日光院となった。開山は六世紀という。日本三妙見（肥後八代《ひごやつしろ》妙見、下総相馬《しもうさそうま》妙見）の一つである。

石見国の日和《ひわ》城城主・寺本兵部丞源孝國（日和兵部丞源孝國）が大願主となり、但馬国妙見山から勧請したと伝えられている（仁平三年〈一一五三年〉）。石見国妙見宮である桜井太詔刀命《さくらいふとのりとのみこと》神社は日和の正青山にあり、その妙見祠は但馬名草神社にあたるという。

寺本氏はふるさと但馬を思ったのだろう。

○石見日和《ひわ》村

姓氏家系総覧に「日和氏は石見（清和源氏）邑智郡日和《ひより》村より起こる」とのことで、島根県邑智郡邑南町日和《ひわ》を訪れた。

『石見八重葎《やえむぐら》』に「石見日和《ひわ》村は天気が良いから日和（ふりがななし）となった」とある。

石見日和村の元は、隣の日貫《ひぬき》村の一部だったが、分村した。日貫村に対するということで日和村だという。どういうことなのか。

日貫村は、昔採取した鉄の屑《くず》の塊であるタタラが今でもたくさん発見されるそうだ。鉄のとれる高い切り立った山がたくさんあって、日貫村の集落は、谷間となっていて日当たりがよくない。

日当たりの良くない日貫村に対して、日和《ひわ》村は日当たりが非常に良い水田のある所（日《ひ》田《だ》）になっている。

日当たりが良いので、日和《ひより》村とするところを、日和の文字から日和《ひわ》村としたのだろう。

『荘園志料』下巻の「石見國邑智郡櫻井荘」に徳治中（徳治元年〈一三〇六〉～徳治二年〈一三〇七〉）の記に見えて、日和村あり。日和のふりがなは付していない。

『石見町誌』には、「国名では飛騨（岐阜県）、九州には日田《ひた》盆地」とある。概して高原の盆地で水田に適したよく開けた地域が多い。「ひだ」は「干田」の意味で水はけのよい水田を指し、「日田」の意味で日当たりの良い水田を指すのか、それとも、もっと古い言葉なのか解《わか》らないが、どうも農耕の始まった時代、手のかからぬ水田耕作を指す言葉として生まれてきたようだ。

「ひだ」には大分県日田《ひた》のように日高《ひだ》の文字をあてていた。日高《ひだか》という地名を「ひだ」の変化したものだとすれば、日本の国号「日高見国《ひたかみのくに》」の解釈は、「山遠くして打晴れて平に広き地を伝也、山の遠き地にては、山と空との間遠くして、日の高く見ゆる物なればなり、大和の国の中央は、広く平らなる地なるを以て、如此云り」という、ひだ（ひた）＝かみ（神・上）の国とみるべきではなかろうか。

また、「ひだ」の訛った言葉として「ひば」「ひわ」がある。出雲（島根県）、備後（広島県）の比婆《ひば》、備中（岡山県）の比羽《ひわ》がある。要するに「日和《ひわ》地区の開拓の古さを証明するものだ」と前述の『石見町誌』にはある。

○庭《には》・爾《に》波《は》・日《に》波《は》から日和（には・にわ・ひより）

『岩波古語辞典』の「日和《ひより》」の項に、

「日和」の字は奈良時代の万葉集二五六「飼飯の海の庭《ニハ》よくあらし」万葉集三六〇九「武庫の海の爾波《ニハ》よくあらし」のニハを後世、日の和らいだことと解して当てた日和《ニハ》という字面《じづら》が、同義のヒヨリの語に当てられて新しく成立したものと解説してある。

平安時代の『古事類苑』の天部　霽に、

「日和ト云フハ、原ト晴雨ニ通ズル語ナレドモ、後ニハ専ニノミ言フコトアリ」

平安時代の『新撰字鏡』〈雨〉「…日波《ニハ》禮奴」

『倭訓栞』〈前編二十五比〉「ひよりをいふ、日依《ヒヨリ》の義、日方といふが如し」

『物類称呼』〈五言語〉「雨降らんとして日和になりたるを、畿内近國にても、日なをるといふ、東國にて俄ひよりと伝、日和の定らぬを、尾張にて一両日和と伝、筑紫にて一石日和と伝、今按に、尾州にて鈍々したる日和と伝」

『常山紀談』〈九〉同時小田原役…「小田原海邊凪なき日を上様日和《うえさまびより》といひならはしけり」

『俚諺資料修成』第三巻の「天気《ヒヨリ》」の項に、「日和（ヒヨリ・ニワ）と云」

奈良時代に「庭《には》・爾《に》波《は》」が、後世、「日《に》和《は》」という字面が同義の「ヒヨリ」に当てられ新たに出来た。

平安時代に「日和《ひより》」はもともと晴雨を表す語だが、のちに晴の時のみを言うことがある。「日波《には》」は「日依《ひより》・日𠆢《ひより》」という。日和《ひより》になると日なをる。うっとしい天気を「一両日《いちりょうび》和《より》」、「一石日和《いっこくびより》」、また「上様日和《うえさまびより》」という。

「庭《には》・爾波《には》・日波《には》」から「日和（には・にわ・ひより）」となった。「石見日和《ひわ》」は「日和（には・にわ）」から「日和《ひわ》」となったのだろう。

播磨・丹波の「日和《ひより》」は、共に石見國より時代が下がって、新しく出来た「日和《ひより》」となった。

○姓氏家系総覧の日和氏

『姓氏家系総覧』の「日和《ひより》」の項（「日和《ひわ》」の項見えず）に、

「日和は石見國邑智郡日和村より起る。同邑今原熊ケ峠城主に（日和城主兼ねる）**日和兵部少輔孝國**あり」

『石見誌』に「清和源氏、左近将監寺本孝頼の三男孝國・小笠原長親の家臣として、石見に来たり、日和を賜る」と。また

「邑智郡日和村　日和城主（別名鷹城・打綿城）は日和兵部少輔孝國、大場加賀守兼賢、鈴間備後守、**日和冠者兼廣**（福屋始祖）」と見える。

『姓氏家系総覧』の寺本の項に、

「甲斐、美作等に此の地名存す。清和源氏平賀氏族甲國山梨郡寺本より起りしか。初め駿河より信濃に入り、小笠原長親の家臣と為り、従って阿波に行き、また石見に随い来る。三代小笠原長胤　温湯城入城の時、日和を賜り鷹城主（別名日和城・打綿城）と為る」

『石見誌』に「寺本左近将監孝頼―孝國（日和城主、小笠原長親家臣として、石見に来る）」と載せ、また三原村「田窪城主寺本伊賀守國長は日和孝國の孫兼孝の子」とあり。

また、寺本氏は伊達氏族で、伊達朝宗の子・爲保が寺本を称し、常陸國真壁郡伊佐庄から但馬國養父郡小佐郷（現・兵庫県養父市八鹿町の小佐川流域）に地頭職として赴任した。

しかし、その知行が長く続かず、将軍足利義満から京都南禅寺に寄進された。

暦応元年（一三三八）四月、小佐郷の地頭職を召し放たれる。その理由は、
一、但馬の政治、軍事情勢は複雑で混迷していた。
二、幕府は但馬の統率には本腰をいれなかったようだ。
これより、寺本氏は小笠原長親の家臣となり、阿波、石見に随《したが》う。

○日和城主　日和兵部少輔従五位下源姓孝國

小笠原長親は、弘安の役で蒙古に対する沿岸警固の功（文永の役・一二七四）（弘安の役・一二八一）によって、石見國邑智郡の一部に家封村之郷を賜り、同地に移住して南山城を築いた。以後、小笠原四郎長親（石見小笠原始祖）の子孫は石見に住んで石見小笠原となった。

寺本孝國も小笠原長親に従って阿波に移り、さらに鎌倉時代には阿波国小笠原氏の分流であった長親の石州行きに随《したが》った。

長清（甲斐小笠原・信濃に移る）
├長径　①（石見小笠原初代）
└長房（阿波守護職・阿波小笠原本流）―（長種―長景―長直）―長親―長宣―
―②家長（石見小笠原）―③長胤―④長氏―⑤長義―⑥長教…（略）…⑮長？

小笠原氏は石見国の川本の周辺に移り勢力を拡大し、南山城、温湯《ぬくゆ》城、赤城等を築いていった。温湯城は三代小笠原亦太郎有次郎長胤、小笠原太郎治郎長氏父子が建武三年（一三三六）頃、築城に取り掛かった。

小笠原長胤が温湯城に入城の時、家老の寺本孝國に日和郷を与えた。

	名字	官職名	位階	清和源氏	忌み名
日和城主	**日和**	**兵部少輔《ひょうぶのしょう》**	**従五位下**	**源姓**	**孝國となる。**
	家名		武士		実名

皇位を継承しなかった皇族を臣下とする。臣下に源、平、土岐、橘の姓が与えられた。

第五十六代清和天皇の皇子や孫は「清和源氏」と称された。

日和村今原にあった熊ヶ峠城主としても「日和兵部少輔孝國」が見える。

過去帳（写真）の「寺本伊賀守従五位下源姓國長」は日和孝國の孫・兼孝の子である。

日和城主、小笠原家臣等の菩提寺が長円寺で、現在中野にある浄土真宗の寺だが、もともと日和村字今原の長福寺と号していた。

田窪城主・寺本玄蕃亮源國長（寺本兼孝の子）の次男・伊豆守氏長がこの寺に入り僧となり、「円流」と号した。

長円寺の寺本住職にお会いし、寺本家の過去帳を見せていただいた中に「日和兵部少輔孝國」があった。たくさんの名前があって、長い長い巻物になっている。「日和孝國」以外は、日和城主にはなっているが、すべて寺本氏である。

氏《うじ》の冠称は一家を表す称号である。太古にあっては、一家を表す必要がなかったが、社会が複雑になり、人口が増えると、氏の冠称を必要とした。

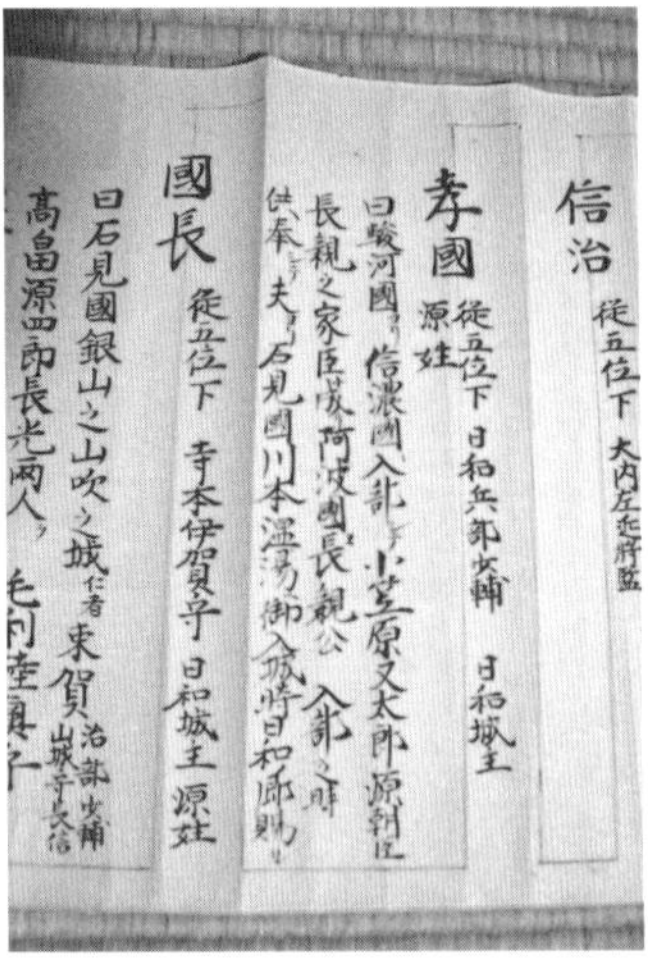

日和孝國過去帳　長円寺所蔵
日和兵部少輔従五位下源姓孝國
日和城主　日和姓初代

氏は地名、集落名、官職業務により上司より命名するもの、親より選択冠称するものがあった。

日和氏は「日和兵部少輔孝國」「日和冠者兼廣」のように、官職業務により上司より命名されたのが、始まりである。

寺本家の日和氏は「日和孝國」一代限りで、元の寺本に戻っている。

石見小笠原家の家臣であった寺本家は代々武力に優れていたので、戦いの敵であった毛利家に降伏後も見込まれ長く仕え、石見日和村を治めた。

よって、寺本家は逃れて東へ行くことはなかっただろうけれども、日和を賜った小笠原長胤公が宍粟小笠原安志藩を、延宝三年（一六七五）から元禄十一年（一六九八）の四十一歳で改易されるまで治めていた。

なお、小笠原安志藩は元和元年（一六一五）から小笠原信濃守長次が治めていた。

寺本家が小佐川流域の地頭職だったこともあって、小笠原家、寺本家の両家臣及び関係者が日和をもって、播磨小田原村小字日和、京都夜久野（日和氏あり）に移住してきたのではないだろうか。

京都直見の日和家に「武蔵落人日和武士碑」と刻んだ碑がある。武蔵落人だが、言い伝えでは西から来たという。石見日和村から来たのだろう。

毛利家が慶長五年（一六〇〇）に関ケ原合戦後、周防・長門へ転封となったため、毛利家家臣は防長への移住及び帰農を余儀なくされた。石見寺本氏一族も他の地へ移住及び帰農した。

○日和城主　日和冠者兼廣・福屋隆兼左衛門尉

一方、日和城周辺には、福屋氏、鈴間氏、土屋氏、大場（大羽・大庭）氏等の有力武士が群雄割拠していた。日和城主も次々と代わっていった時代であった。

この動乱の時代に福屋兼廣は邑智郡日和城に入り、「日和冠者兼廣《かじゃかねひろ》」と称した。

日和城に入った冠者（元服式を済ませて、冠を着けている少年・若殿のこと）で日和冠者兼廣という名になっていて、前記の日和兵部少輔孝國より先に日和姓を名乗っている。

天福元年（一二三三）には本明城（音明城・乙明城・福屋城）江津市有福温泉町本明へ移り住み、初代福屋氏を名乗った。

第十二代・福屋太郎隆兼左衛門尉（式部大輔）の時、天文二十二年（一五五三）、福屋氏と小笠原氏の間で争いが起きた。

熊ヶ峠城主（邑智郡邑南町矢上）三宅勝貞、妻は福光城主福屋隆利の女、対する日和城主（邑南町日和大釜谷）寺本（小笠原家老）であった。

永禄元年（一五五八）五月、毛利は小笠原長雄の拠《よ》る温湯城（邑智郡川本）攻撃を命じた。

吉川《きっかわ》元春はじめ福屋隆兼等が攻めた。尼子《あまご》が小笠原氏を支援したが、翌年八月、小笠原氏は温湯城を開城して降伏した。

永禄三年（一五六〇）、毛利は福屋隆兼の領地を、隆兼と敵対関係にあった小笠原長雄に与えた。これに隆兼は不満を抱き、毛利に対する、のちの反乱のきっかけとなった。

永禄四年（一五六一）七月、毛利は福屋隆兼に二男次郎を人質に差し出すように要請した。しかし、隆兼は尼子氏に通じていて、次郎は尼子義久に送る約束をすでにしていた。

毛利が大友氏との戦いで九州に遠征している間に、隆兼は毛利に反旗を翻した。

永禄五年（一五六二）二月二日、松山城を攻めるために毛利父子四人は大江に陣を張った。

隆兼は出雲の尼子義久を頼ったが拒否され、大和信貴山城を居城とした松永久秀（一五一〇〜一五七七）を頼った。

日和冠者兼廣の孫・福屋隆兼左衛門尉は大和に逃れ、長男彦太郎は因幡、伯耆、二男次郎隆任《たかとう》は出雲松山に逃れ、三男宮丸は石見吉川家へ養子となる。二人娘の姉は鳥取に逃れた。

当時の福屋氏が鳥取県へ息子・娘、兵庫県へ八名、京都府へ一名来られているという。

福屋氏または家臣の相当有力な方が来られたと思われる。

二節　日和冠者兼廣の末孫娘大石家祖

大内志摩大輔義胤は、石州波田ノ内原の直見石《たたみいし》にて出生す。原に居住した。ゆえに大内の大と直見石《たたみいし》の石を以《もっ》て、氏《うじ》を「大石」と改めた。大石義胤が大石氏元祖である。

日和兼廣の二人娘の末娘については、「日和城陥落後、城主日和冠者兼廣末孫、福屋太郎隆兼公室娘同陥落して原村に居住、故に以て義胤の妻となす」とある。

元亀元年（一五七〇）、初代大石義胤の内室は、当国日和城陥落のあと、日和城主・日和冠者兼廣の末孫の福屋太郎隆兼公室と娘も同じく陥落して、娘は義胤の妻となり、原に居住した。

義胤の長男國之助は石州波田村原にて出生。その後播州赤穂城主浅野家に奉仕、禄食五百石。原は益田市にあって、美濃郡日晩山の西麓になる。

福屋系図

益田兼高─┬─兼末　益田本家を継ぐ
　　　　　├─兼信　三隅氏祖
　　　　　└─兼廣　福屋氏祖─兼中
（日和冠者兼廣）

兼中─┬─兼親─兼行─兼景─兼香
　　　├─兼継　福光氏祖
　　　├─隆兼─┬─彦太郎（因幡と白者に居た）
　　　│　　　　├─次郎（松山村大字長良櫃之城主福屋二郎隆任　後出）
　　　│　　　　├─宮丸（石見吉川家養子）
　　　│　　　　├─女
　　　│　　　　└─女（大内志摩大輔義胤・大石家元祖の妻）
　　　├─女（公室・隆兼の妻）
　　　└─女（毛利元就妻）

吉川系図

一代大石義胤

元経─経基・妻佐波氏─国経─元経（妻　毛利元就妹）─興経

二代大石重郎左衛門義恵は、仙道郷に居住し、毛利輝元に出仕、とある。

五代大石治兵衛義次は仙道邑庄屋を中興す。

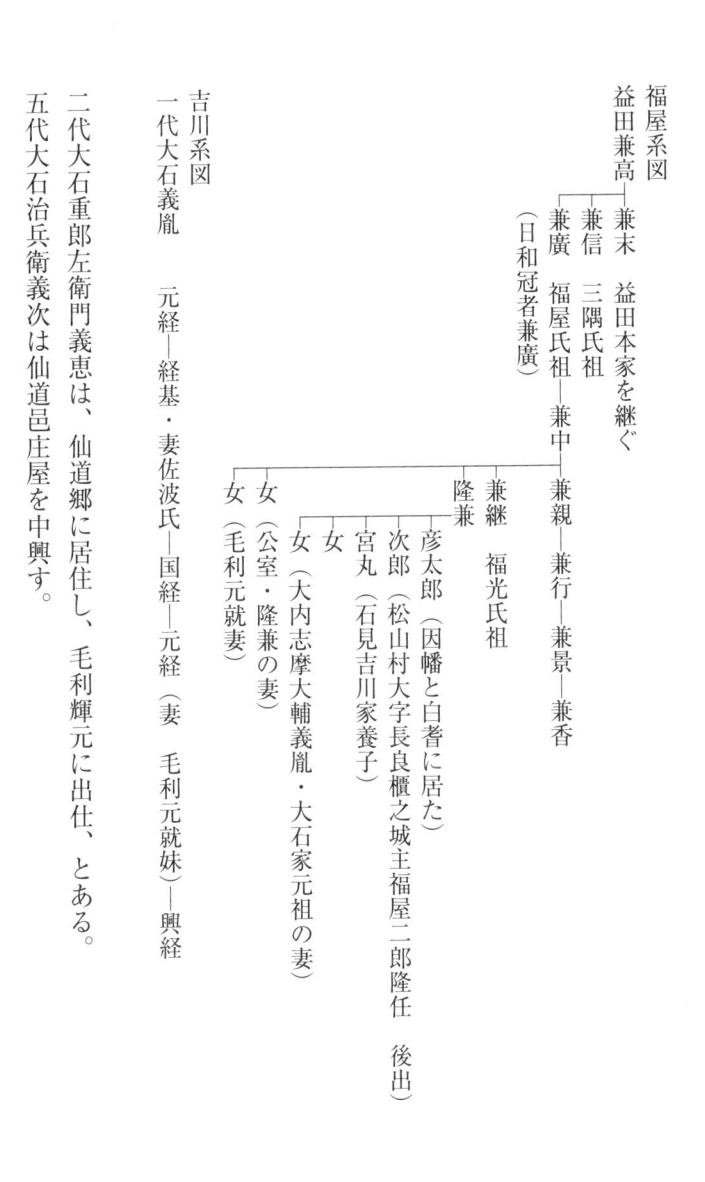

七代大石三郎助義泰、後源助又蔵右門、干時　宝暦四年甲戌十二月、初藝府大石殿衡殿（これは大石内蔵助の次男大三郎のことで、元禄十五年夜討ちの後、藝府へお預けになって、家禄のとおり一五〇〇石の御客分である）の為内使、とある。

大三郎は、十二歳で広島藩の浅野家に仕えていた。

最近になって判明したのは、大三郎は朝鮮通信使の接待役として、家老に次ぐ重職の総奉行として活躍していた。

石見外記の大石家伝にも、「防州大内介義隆滅亡の時、其の庶流当国に逃れ、三隅の畳石に居住し、その後大麻山に隠れ、子孫は仙道村に移りて、大麻山の大と畳石の石とをとりて、大石と改め、世々村の理正となる。今尚大内家の位牌を存す。大石内蔵助もこの家より出てしと云ふ」とある。

日和城主の日和兼廣の末孫の福屋太郎隆兼公室の娘が、大石内蔵助の母方の先祖だった。

日和姓が大石家と縁があったようだ。

三節　全国の日和山

○滋賀坂本の日和、宮崎県の日和城、伊勢市日和神社

世界文化遺産・比叡山延暦寺の麓にあって、全国三千三百余社の日吉神社の総本宮である日吉大社（滋賀県）の門前町坂本の里に、古くから伝えられる地名に日和《ひより》がある。日和《ひより》は鉢町から九条へ出る、大宮川より北の路で、大津市坂本六丁目北寄りになる。

他に宮崎県の日和《ひより》城、伊勢市の日和《ひより》神社を見る。

全国に「日和山」と名のつく山が八十か所ほどある。これは奈良時代の帆船、特に大型帆船の頃に、海の風の方向、天候を見るため海岸沿いの標高一〇〇メートルほどの山に付けられている。そこには、方角石が設置してある。

日和山から日和氏を付けているのなら、全国津々浦々に日和氏があっても良いと思われるが、現実はそんなにない。海沿いの日和山から日和氏を付けることはなかったのではないか。

京都直見は日当たりの良い谷間で盆地ではない。地名に日和と付く場所はない。日当たりが良いから日和としたのではない。まさに、武蔵国から日和武士が来た。しかも東からではなく西から来た。日和氏を持ち歩いたのである。

播磨小田原村日和地区の日和姓についても、山の名から付けたのではなく、人が日和を持ち歩いたものと思われる。

年代順にみて、日和氏を名乗ったのは、弘仁元年（八一〇）二月十五日に西から来た武蔵落人日和武士、貞永元年（一二三二）の日和冠者兼廣、建武二年（一三三五）一月二十六日の日和兵部少輔孝國（系図により確認できた）の順となって、いずれも石見国日和《ひわ》に居た人と考えられる。

石見国の日和《ひわ》（地名）を同義語の日和《ひより》の語にあてて、播磨、京都に持ち歩いたのであろう。

前述のとおり、石見日和は隣の日貫からの分村であって、その日貫村は鉱山の村であった。また石見銀山から生野銀山にも、古くから鉱山師が移住して来ている。

鉱山師が開拓のために移住してきたのだろう。

なお、石見国日和に鉱山経営者の小田原氏がおられる。小田原についても、石見国から来た小田原氏の先祖かもしれない。

○名字ランキング

日本の名字の数は約十数万種類と見られている。ほとんどの名字は地名、地形が由来となったもので、最も種類が多いのは地名を起源とする名字だ。

国が全国の名字の数を調べることは、国の制度、政策、法律に影響をもたらすことにはならないことから調査されたことはない。よって、民間のサンプル調査による名字ランキングによるものである。佐久間ランキング、村山ランキング、第一生命ランキング等がある。

日の付く名字でよくあるのは日高・日向・日野。珍しい名字に日照田・日当《ひなた》・日諸《ひもろ》・日塔《にっとう》・大日方《おびなた》・日内地・平和《ひらわ》・日外《あぐい》・日置《ひき》・白日・日宇・日日・日比野・日光・生和《にゅうわ》など。

日和は見当たらない。

第一生命保険会社加入者による、日本の苗字ベスト一万（二〇〇一年三月二十四日現在）によると、

一位佐藤（一九一四三名）、一八四位大石（一一四六名）、二三五位小笠原（九一九名）、五八七位寺本（三三五名）、一五〇九位小田原（一〇七名）、九〇一三位日和《ひより》（九名）、一万位広上（七名）ということだった。日和は超珍しい名字になる。

『難読稀姓辞典』では、日和姓を「ひより」、「ひら」、「ひわ」、「にわ」と読んでいる。

宇野・赤松家系略図

①〜⑧は赤松家　惣領家・播磨守護

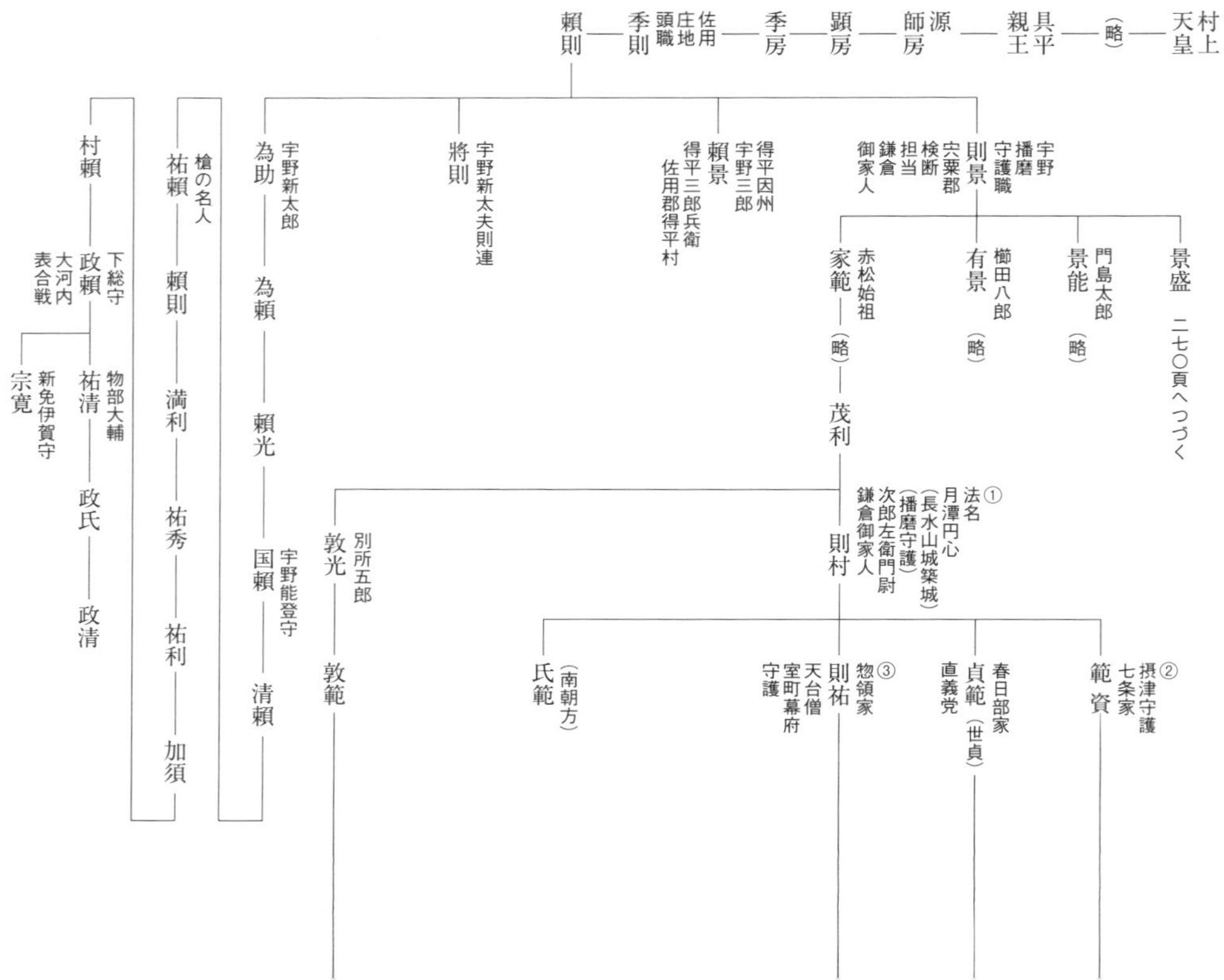

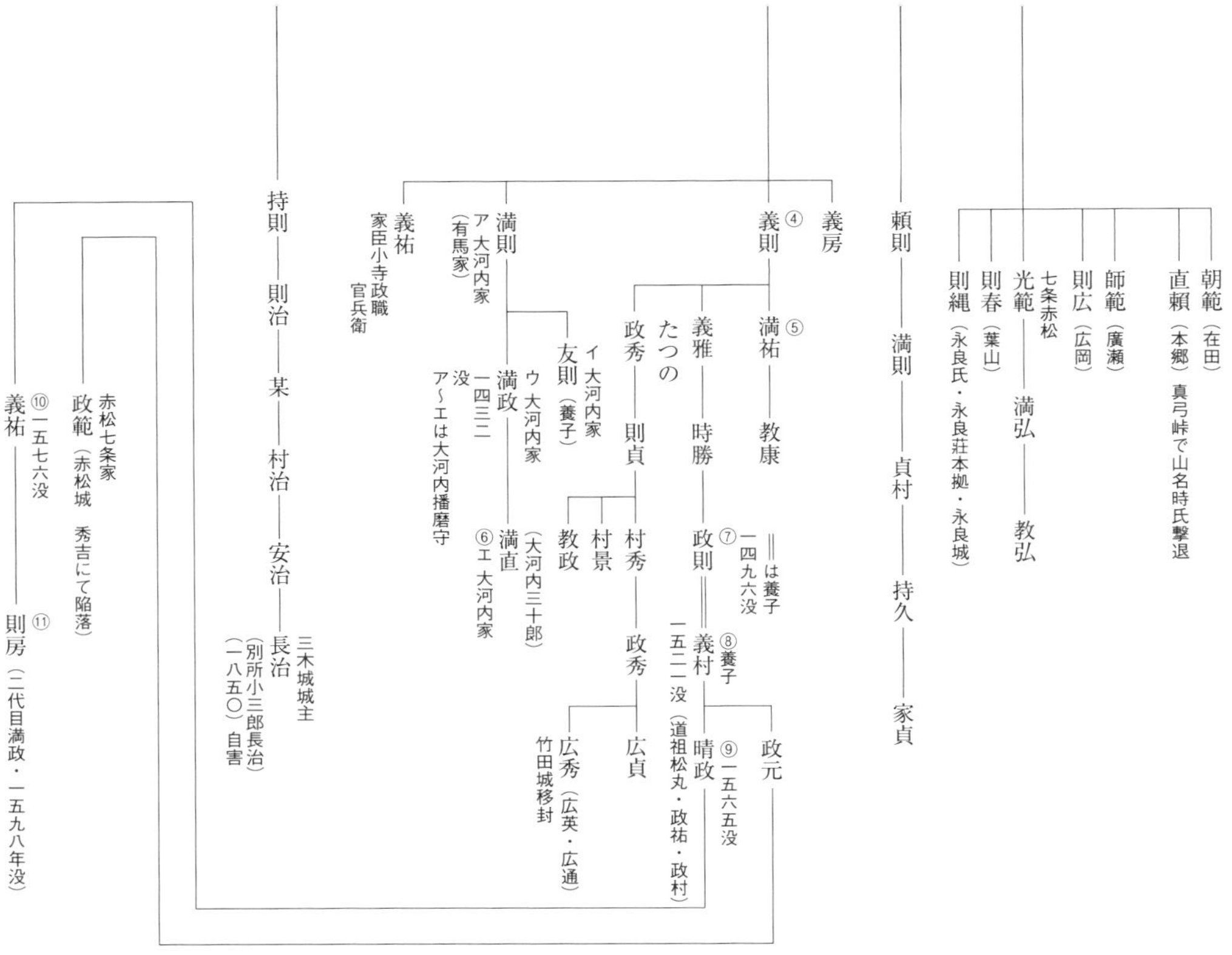
朝範（在田）
直頼（本郷）真弓峠で山名時氏撃退
師範（廣瀬）
則広（広岡）
七条赤松
光範―満弘―教弘
則春（葉山）
則縄（永良氏・永良荘本拠・永良城）
頼則―満則―貞村―持久―家貞
義房
④義則
⑤満祐―教康
義雅―時勝―⑦政則　一四九六没
＝は養子
⑧義村　養子　一五二一没
政元
⑨晴政　一五六五没（道祖松丸・政祐・政村）
たつの
政秀―則貞―村秀―政秀―広貞
村景
教政
広秀（広英・広通）竹田城移封
イ大河内家
友則（養子）
満則
ア大河内家（有馬家）
ウ大河内家
満政　一四三二没
⑥エ大河内家
満直（大河内三十郎）
ア〜エは大河内播磨守
義祐
家臣小寺政職
官兵衛
持則―則治―某―村治―安治―長治
三木城城主
（別所小三郎長治）（一八五〇）自害
赤松七条家
政範（赤松城　秀吉にて陥落）
⑩義祐　一五七六没
⑪則房（二代目満政・一五九八年没）

宇野・赤松家系略図

山名家系略図

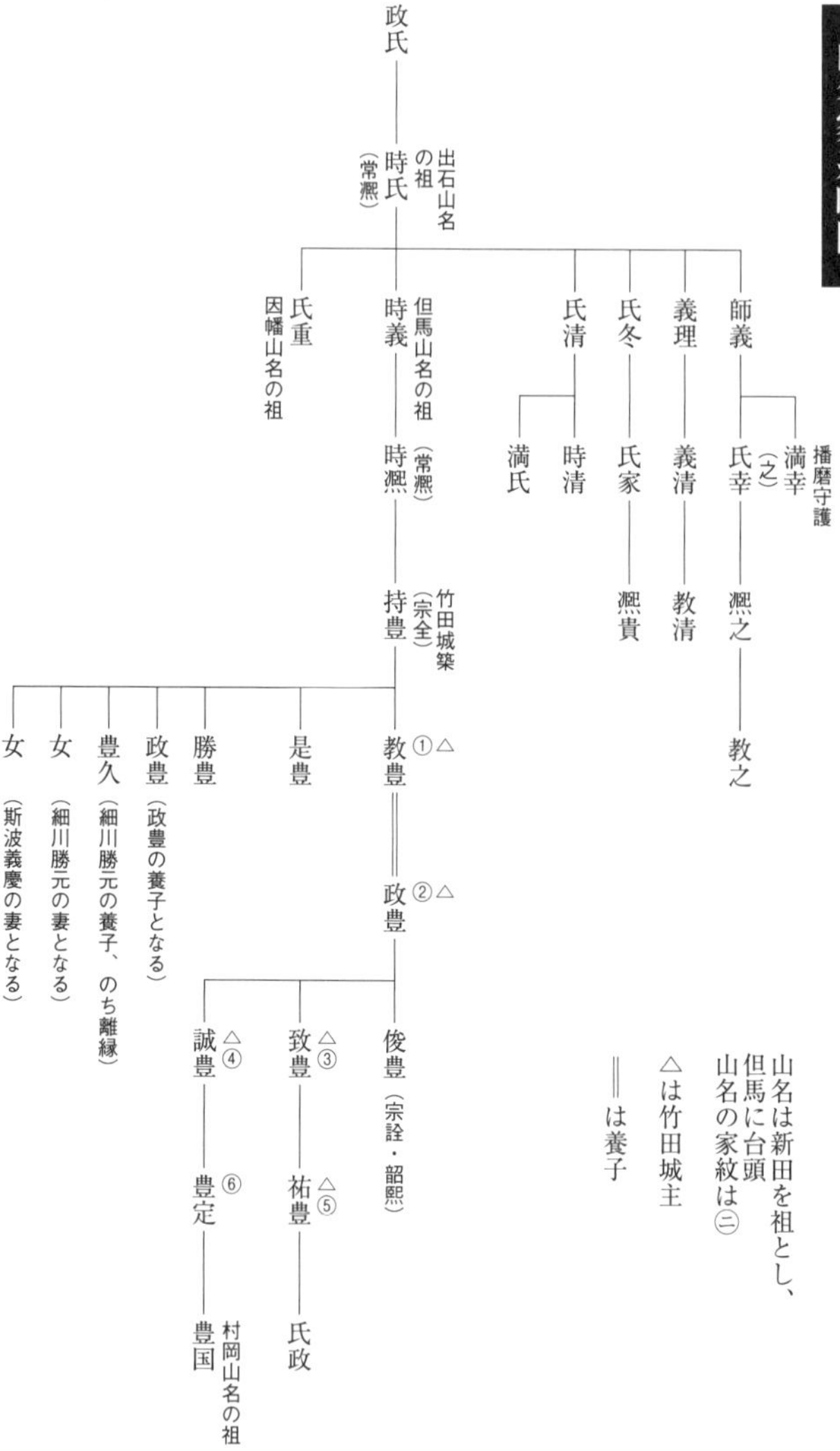

山名は新田を祖とし、
但馬に台頭
山名の家紋は㈡
△は竹田城主
＝は養子

宇野・上月・中川家系略図

（二六六頁からつづく）

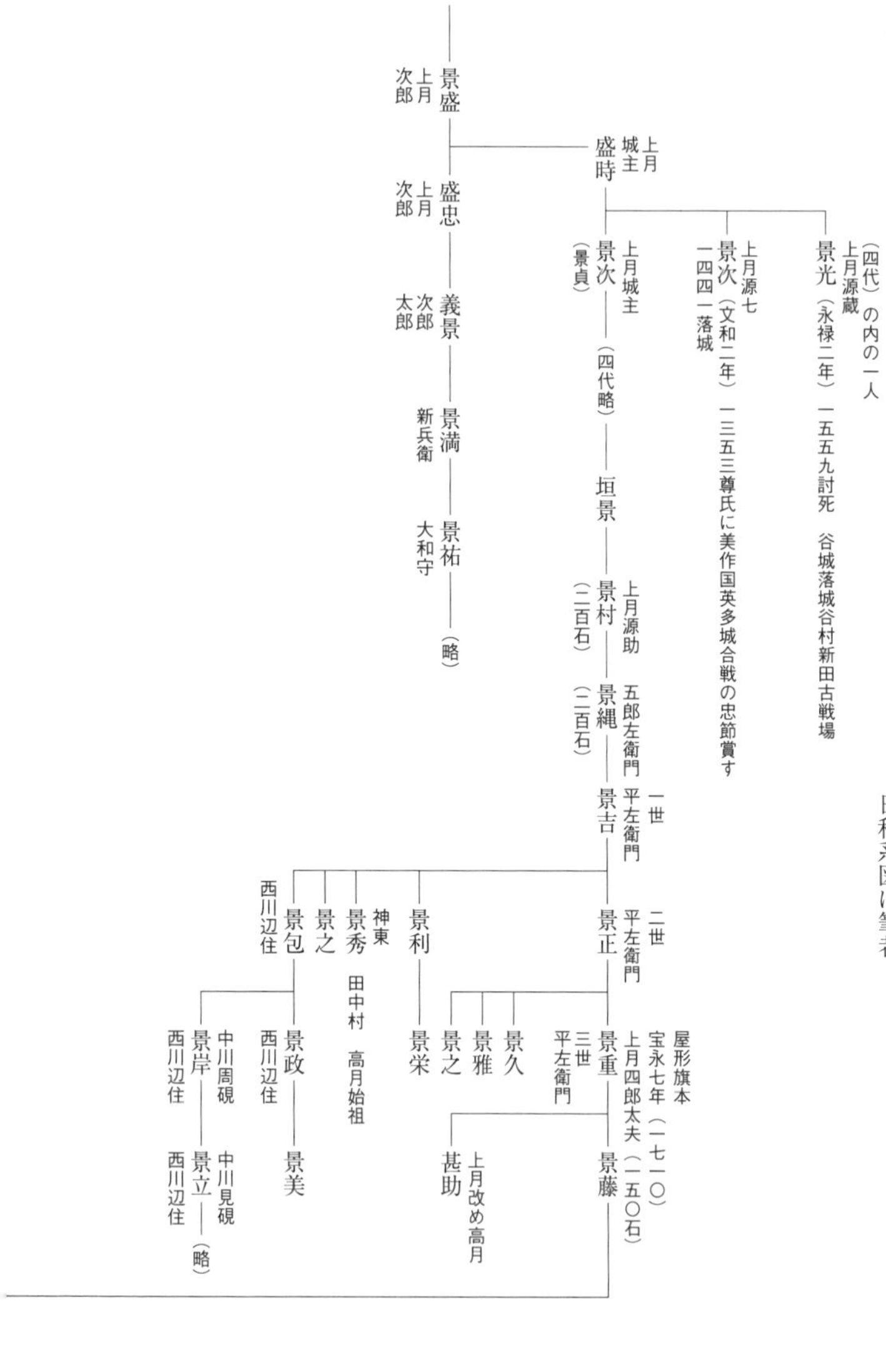

赤松系図は高坂好氏・佐用町史による
上月系図は中川系図・矢尾系図・上月正氏作成
日和系図は筆者

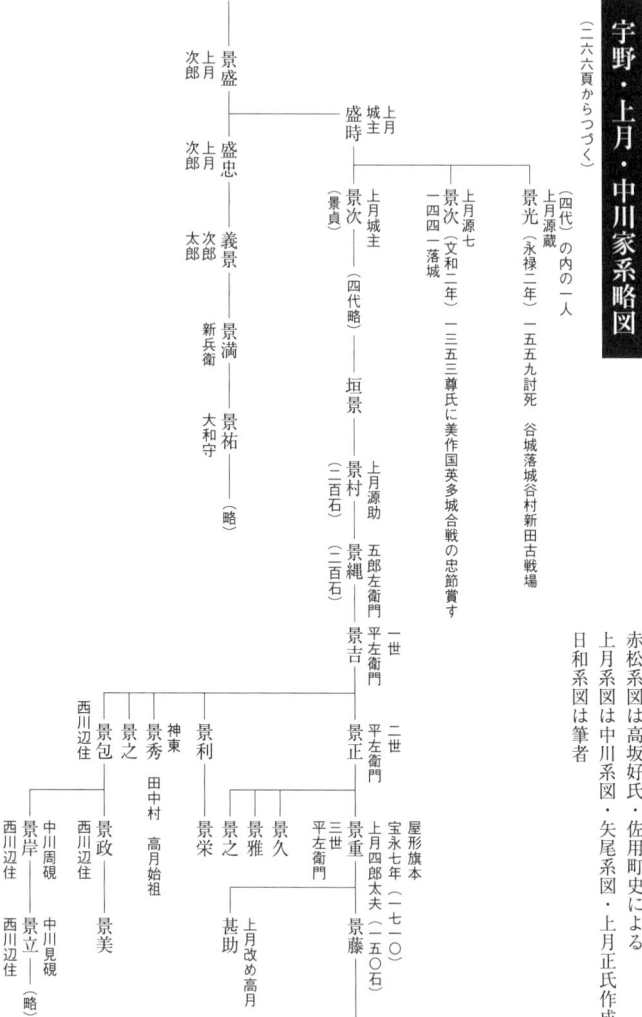

宇野・上月・中川家系略図

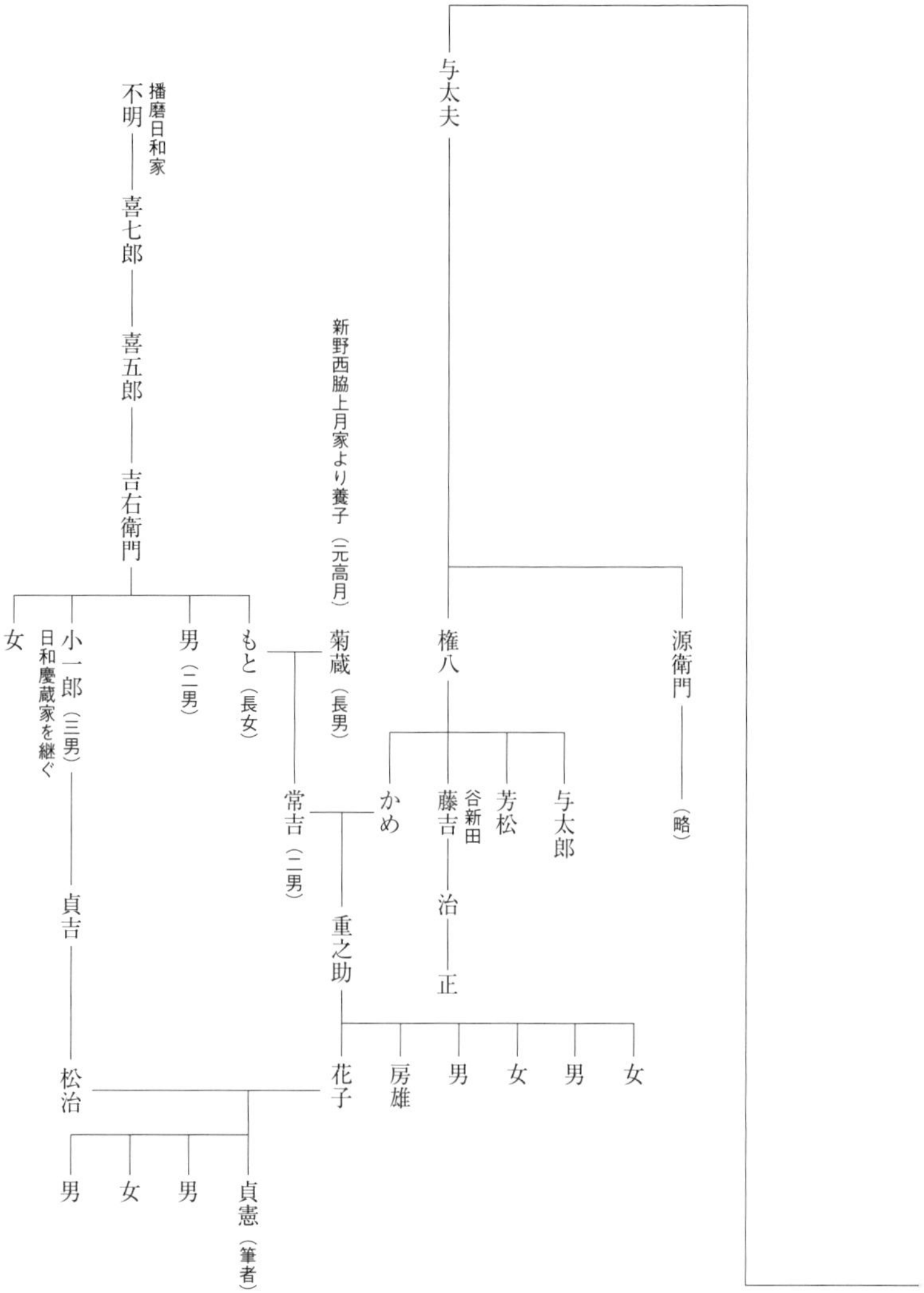

与太夫
権八
源衛門
（略）
与太郎
芳松
藤吉
谷新田
治
正
かめ
不明
播磨日和家
喜七郎
喜五郎
吉右衛門
女
小一郎（三男）
日和慶蔵家を継ぐ
男（二男）
もと（長女）
菊蔵（長男）
新野西脇上月家より養子（元高月）
常吉（二男）
重之助
花子
房雄
男
女
男
女
貞吉
松治
男
女
男
貞憲（筆者）

――年譜――

時代		地元関連記事
縄文	今から一二〇〇〇年前	日本列島は大陸と陸つづき
	今から六〇〇〇年前	猿田彦族がペルシャ湾で文明国
	｜	神河福本遺跡
	｜	矢の根石（神河小田原村日和）
		今から約二五〇〇年前まで縄文
弥生		弥生土器・西摂津Ⅲ―1様式　壺
	紀元前一〇〇〇年頃	日本列島に上陸した猿田彦命活躍（のちに少童命と集合）
	〃九五〇年	稲作伝来
	〃六三〇年頃	稲作が北九州から近畿に広がる
	〃五〇〇年	釈迦、孔子誕生
	〃二〇〇年頃	稲作が北陸、東北まで広がる
	〃一〇〇～〇年頃	素戔嗚命活躍

〃六五〜五五年　大歳神（鴨族）活躍

【西暦】　【和暦】

一〜一〇〇年　大国主命活躍

一〇七　永初元年　倭国となる

一一一　景行五一年　伊勢神宮のエミシ奈良三輪山へ

古墳　二〇〇〜二五〇　神武天皇は鴨族トップ・大和大王

二六五〜四二〇　倭国に牛馬おらず、刀あり、鉄を鍬にする

三五〇〜四〇〇　開化天皇は鴨族トップ。崇神天皇期にクーデターにより、鴨族追放される。

〃　針間国となる

四〇〇〜四五〇　応神天皇（品太和気命・和気氏族）神崎郡瓦村

四八九頃　雄略天皇（秦氏族が奉斎）

五〇〇〜五五〇　継体天皇・二三代顕宗天皇（ヲケ）二四代仁賢天皇（オケ）

五三八　仏教公伝（奈良初瀬川ほとりに仏教伝来之地碑）

五五三　欽明天皇が百済へ医、易、暦博士派遣の依頼

	六〇二		推古天皇一〇年に元嘉暦、水時計の漏刻作成
飛鳥	五八一~六一八		隋書倭国伝（刀・鉄）
	六四三		ハリマ枚夫長者とハリマ犬寺（粟賀犬寺）
	六四五~六五四		孝徳期に鹿庭山の鉄献上
	六四六	大化二年	播磨国となる
	—	—	湯川村となる
	七〇八~	和銅元年~	大和国となる
	七一五	霊亀元年	
	七一三	和銅六年	風土記の詔発す
奈良	七一五	霊亀元年	播磨国風土記仕上がる・神前郡となる・播磨湯川の記録
平安	八〇七	大同二年	生野銀山発見
	八一〇	弘仁元年二月十五日	丹波國夜久野村直見「武蔵落人日和武士」碑
	八三四~	承和元年~	仁明天皇
	八四七	承和十四年	
	八六二	貞観四年	宣明暦

	八八二	元慶六年	神埼郡となる・神埼郡北河添野とある
	九〇一	延喜元年頃	神崎郡となる
	九〇一	延喜元年	立岩大明神建立（立岩嶽下）
鎌倉	一二三三	天福元年	日和冠者兼廣は日和城から本明城に移住
	一二五五	建長七年	「えんま坊」・最明寺建立、えんま坊は焔魔坊のこと
	一二七四	文永十一年	小笠原長親蒙古の来襲警護の功　文永の役
	一二八一	弘安四年	〃　弘安の役
	一三〇〇～一四〇〇		バリア海退（気候冷涼化〇℃～一℃）
	一三〇六～	徳治元年～	荘園志料下巻・石見国邑智郡櫻井荘日和村
	一三〇七	徳治二年	
	一三二五	正中二年十一月二五日	三千院文書に大河内庄がある。法性寺東北院領
	一三二九	元徳元年	護良親王に赤松則祐十七歳の時随持する
	一三三六	建武三年	石見国温湯城築城に着手・寺本孝國が小笠原長胤より日和を賜る。日和兵部少輔源姓孝國
室町	〃	〃	初代播磨守護　赤松円心

南北朝	一三三八	暦応元年	新野宝篋印塔（赤松家建立）
	一三四九	貞和五年八月	赤松円心は長門探題・足利直冬の東上に備え、播磨船坂峠に兵を配す
	一三五〇	観応元年一月十一日	円心没
	一三五〇	観応元年七月	二代播磨守護　赤松範資
	一三五一	観応二年	荘園志料上巻・播磨国大河内小田原（ヲトラ）村
	〃	〃七月	三代播磨守護　赤松則祐　南朝帰順
	〃	〃十二月二十一日	福崎田原に陣
	〃	〃十二月二十九日	赤松則祐と足利直冬党との播磨大河内合戦（第一次）
	一三五二	文和元年九月二十六日	則祐は南朝軍と播磨国賀屋新荘（飾磨夢前）で戦う
	〃	〃十二月八日	則祐は南朝軍と再び播磨国賀屋新荘（飾磨夢前）で戦う
	一三五二	文和元年十二月二十九日	則祐と但馬国長氏・山名氏との播磨大河内合戦（第二次）

	一三五三	文和二年二月	但馬・丹波の南朝軍が神崎郡に侵入　於市川町法楽寺
	一三五五	文和四年五月二日	大河内庄は醍醐寺領・大河内庄三百石が播磨守護に横領されたとある。
南北朝	―	―	初代大河内播磨守赤松満則（大河内右馬頭・天神山城）
室町	一三六一	康安元年七月	赤松範資と山名時氏の合戦　長、阿保両氏参戦
	一三九一	明徳二年六月	播磨小田原村　鰐口（ドウロクジン）
	―	―	二代（大河内播磨守）河内四郎友則（天神山城）
	―	―	三代（大河内播磨守）河内次郎民部少輔満政（天神山城）
	―	―	四代大河内播磨守　赤松満直・一四五二年〜一四五四年に志方庄に移る
	一四〇九	応永十六年	埴岡北条上下村が見える。北条は神崎郡北部のこと。
	一四二九〜		川上鉱山で銀、銅産出

一四四一	永享年間		
一四四一	嘉吉元年六月二十四日	赤松満祐が義教を殺す　赤松家滅亡	嘉吉の乱
一四四一～	嘉吉元年十月二十八日～	播磨守護　山名持豊（宗全）	
一四五四	享徳三年		
一四四三	嘉吉三年	竹田城主初代太田垣光景	
一四四六	文安三年	日吉神社懸仏三体　願主　小田原左衛門	
一四五四～	享徳三年～	播磨守護　山名教豊	
一四五八	長禄二年		
一四五八～	長禄二年～	播磨守護　山名持豊	
一四六七	応仁元年		
一四六三	寛正四年	立岩神社・脇差　尾州長船則光	
一四六五	寛正六年	竹田城主二代太田垣景近	
一四六七	応仁元年	石見山内首藤は山名守護代を助ける	
一四七九	文明十一年	竹田城主三代太田垣宗朝	
一四八三	文明十五年十二月十六日	真弓峠合戦と太田の滝　太田源太夫入水	

室町
戦国

一四八五	文明十七年	蔭木城合戦
一四八六五	文明十七年 三月二十七・二十八日	赤松政則対山名政豊との戦い　於大河内
—	—	播磨国夢前立船野に大政所　山内河内守是時が居住
一四八八	長享二年	赤松氏復興（山名氏より領地取戻す。山名氏は四〇年間）
一四九六	明応五年	播磨守護　赤松政則没
一五一二	永正九年	播磨寺前城主　粟生田次郎左衛門尉・粟生田丹後入道
一五二一	大永元年	竹田城主四代太田垣宗義
一五二二	大永二年十月二十四日	赤松義村対山名政豊の戦い　於神河町法楽寺
一五三四	天文三年正月十八日	上月遠江守没
一五三七	天文六年十二月	赤松晴村（政村）対出雲の尼子詮久が播磨侵入の戦い
一五三八	天文七年	竹田城主五代太田垣朝延

室町
戦国

一五三九	天文八年十二月	尼子は姫路英賀城を攻略
一五四四	天文十三年正月二十七日	大河内阿波守　本姓日下氏　最明寺にて戦死
一五五三	天文二十二年	福屋氏と小笠原氏の争い（島根日和合戦）
一五五八〜一五六九	永禄年間	寺前城主　赤松幕下本郷伊豆守　大河内右衛門尉 大河内河内守（養子栗生田信濃守の子）
一五五八〜一五六九	永禄年間	飯盛山城主　赤松幕下高橋備中守　高橋備前広継
一五五八	永禄元年	播磨大嶽山（柏尾山城主・柏尾城）城主　栗生田宇右衛門尉
一五五九	永禄二年	上月源蔵景光討死（谷城堕ちる・谷村新田古戦場）
一五六二	永禄五年二月	毛利軍により乙明城落城・福屋隆兼は東へ逃げる
〃	〃	大内義胤と福屋（日和）兼廣の孫娘が結ばれる（大石家始祖）
一五六四	永禄七年八月十三日	栗生田信濃守没（栗生田阿波守　栗生田佐吉継ぐ）

	一五六七	永禄一〇年四月十八日	大河内藤兵衛尉（赤松晴政の被官）於大河内戌亥城討死
	一五六九	永禄十二年	秀吉第一回目但馬侵攻　対山名祐豊
	一五七〇	元亀元年	播磨小田原構
	〃	〃	第五代置塩城主　赤松則房
	一五七一	元亀二年十月十三日	上月源助景村（上月平左衛門の祖父）が粟生田猪右衛門討取
	一五七一	元亀二年	「えんま坊」兵乱のため消滅
	一五七二	元亀三年	播磨小田原村　大林寺開基
	一五七三	天正元年	絵馬　五代目山内四郎平（現小田原・大将軍神社） 境内社の祭神牛頭大王の時の絵馬か
安土桃山	一五七四	天正二年	宇野政頼が満景（則房の満を拝領していた）を暗殺（政頼と則房不仲）
	一五七六	天正四年	赤松則房は秀吉に従う

一五七七	天正五年十一月	秀吉　但馬山口・岩洲城の戦い　竹田城攻撃　第二回但馬侵攻
〃	〃	竹田城主六代羽柴（木下）小一郎
一五七八	天正六年七月	「宇野一類之者共」は毛利に通じる
〃	〃　八月	秀吉、秀長は竹田城に居た。その後急きょ三木城へ
〃	〃　十一月十七日	播磨大河内表合戦（立岩明神合戦）高橋浪介討死
〃	〃	大嶽山城落城
一五七九	天正七年八月二十二日	鳥居安芸守職隆　乗馬の足に敵の矢命中し討死
一五八〇	天正八年一月十八日	三木城落城・別所長治切腹
〃	〃　十一月	篠丸城攻略（長水城）
〃	天正八年	秀吉の但馬侵攻
一五八三	天正十一年	赤松則房　阿波加島一万石へ移封
一五八五	天正十三年	則房は関ヶ原合戦で戦死
〃	〃	竹田城主八代赤松廣英

	一五九六～	慶長元年～	慶長播磨國絵圖　小田原村・石田村となる
	一六一四	慶長一九年	
	一六〇〇	慶長五年	竹田城廃城　　関ヶ原合戦
	〃	〃	池田輝政　姫路藩領五二万石入封
江戸	一六〇三	慶長八年	郡（神西・神東）北部一帯検地
	一六一七	元和三年	本田忠刻、千姫化粧料一〇万石の一部（神西・神東）
	一六三三	寛永十年三月	八幡宮建立（播磨神西郡小田原村字立道一四二〇番）
	一六三九	寛永十六年	立岩神社寶殿建立
	一六四〇～	寛永十七年～	小田原村は鳥取藩領なのか姫路藩領なのか不明
	一六六二	寛文二年	
	一六六二	寛文二年九月	池田輝澄死去
	〃	〃	池田政直　堪忍料一万石嗣ぐ
	一六六三	寛文三年十一月十九日	福本藩立藩　初代　池田政直
	一六六四	寛文四年	政直が徳川家綱より一万石の御朱印賜る

一六七五〜　延宝三年〜　小笠原安志藩
一六九八　元禄十一年
一六八一〜　天和元年〜　播磨日和山絵地図に見る
一六八三　天和三年
一六八七　貞享四年　福本藩　三代　池田政森　六千石
一六八八〜　元禄元年〜　播磨福井新田開発
一七〇四　宝永元年
一七〇二　元禄十五年十二月十四日　元禄赤穂事件
一七〇五　宝永二年十二月　日和稲荷社建立（庚申谷・日和地区）
一七〇八　宝永五年　惣百姓代　上月平左衛門直訴文
一七〇九　宝永六年　播磨日和氏没
一七一〇　宝永七年　上月四郎太夫　福本藩仕官
〃　福本藩参勤交代「野の内行列」小田原嘉七・小田原平六がいる。
一七一一　正徳元年　小田原平八
小田原喜八

一七一五　正徳五年　福本藩　馬役小田原文九郎久吉がいる。

一七一五　正徳五年四月十六日　福本藩三代政森の家老大塚孫右衛門　小田原村三拾石　所領

一七一八　享保三年　播磨小岩氏没

一七一九　享保四年正月　福本藩　四代　喜以

一七二〇　享保五年　喜以公が立岩神社寶殿を新たに建立

一七四一　寛保元年　立岩神社の鰐口

一七四七　延享四年　上棟札　神西郡大河内庄石田横瀬八幡宮　小田原村庄屋

一七四八〜　寛延元年〜　播磨日和山絵地図に見る

一七五〇　寛延三年

一七五三　宝暦三年　小田原三助没

一七六八　明和五年十一月　播磨塞神社

一七七二　明和九年　福本藩　五代　喜生二八歳で嗣ぐ　奥平昌敦の二男で養子。松平但馬守喜生ともいう

一七八一　天明元年　日和太右衛門家建立（京都夜久野直見山中）

一七八三　天明三年二月　播磨日和神社再建（神西郡大河村字才谷）

一七八七　天明七年　立岩神社手水鉢

一七九七　寛政九年　古文書　小笠原豊松丸殿領分（安志藩一万石、小笠原貞禎の幼名、松平但馬守様御領分）小田原村

一八〇二　享和二年八月二十九日　播磨小田原村字日和の日和喜七郎歿

一八〇七　文化四年　立岩神社拝殿再建

一八一一　文化八年十一月　福本藩　六代　喜長一四歳で嗣ぐ　松平久五郎喜長・弾正喜長ともいう

一八一四　文化十一年　近世文書　松平久五郎様御領分

一八一七　文化十四年十月　近世文書「乍恐願上口上書」に日和・小田原が見える

一八二〇　文政三年　宮野山野神社

一八二四　文政七年　真言宗最明寺（近世文書）

一八四七　弘化四年八月　加西市住吉神社の石燈籠に寄進村名小田原、鍵之奥村あり

一八四八	嘉永元年九月十日	福本藩御奉行　能勢八平太・高松弥九郎様が立岩大明神内陣再建
一八五二	嘉永五年	石仏　峠の地蔵さんの世話人小田原五平・小田原輿平
一八六三	文久三年	生野義挙
一八六六	慶応二年六月二十五日	福本藩　七代　喜道所領一万五七三石　再び立藩日和庚申社建立
明治 一八六九	明治二年六月十七日	福本藩　八代　徳潤　版籍奉還
一八七〇	明治三年八月二日	福本藩知事
一八七〇	明治三年十一月二十三日	神西郡一四ヶ村は鳥取藩へ
一八七三	明治六年	太陽暦到来
一八八〇	明治十三年十月	宮野　山野神社上棟札
一八八九	明治二十二年	日和神社（大河村才谷）は大歳神社（大河村字井ノ上）に合祀
一八九四	明治二十七年	播但線　姫路〜寺前開通

	一八九七	明治三十年	寺前村大字南小田山上ニ湯気出ヅル穴アリ　と行政官が記す
	一九〇三	明治三十六年	日吉神社の祭神　大汝命・少彦名命を勧請（二神を勧請しなくともすでに山田二一〇の地に祀られていた）
	一九〇六	明治三十九年	神社合祀令発布
	一九一〇	明治四十三年	播磨日和庚申社に地蔵菩薩、弘法大師を合祀
大正	一九一九	大正八年	日吉神社「昇格紀念　徳潤謹書」の碑
	一九二〇	大正九年五月	「日和菊蔵翁　源徳潤書」の碑　神平分教会の神殿下
	〃		立岩神社上棟式記念写真
	一九二三	大正十二年	神社誌の原稿焼失　関東大震災
昭和	一九二九	昭和四年五月十三日	徳潤没　八三歳
	一九三七	昭和十二年三月	兵庫県神社誌完成
	一九五五	昭和三十年	日和湯町の鉱泉調査

参考文献

・風土記　新編日本古典文学全集５　植垣節也校注・訳者　上野明雄発行者　一九九七年十月二十日　第一版第一刷　発行　小学館
・風土記　日本古典文学大系２　秋本吉郎校注者　岩波雄二郎発行者　岩波書店　一九五八年
・播磨風土記より　その一　オホナムチとスクナヒコネ　その二　地名へ　その三　伊和大神へ　ORIG:2000/09/11rev:2000/09/19死爾嵩追記
・地図で読み解く日本史　武光誠著　東京都　二〇〇七年十二月十日（株）青春出版社
・萱野　茂のアイヌ語辞典　萱野茂著　東京都　二〇〇二年十月十日（株）三省堂
・古代蝦夷とアイヌ　金田一京助著　二〇〇四年六月十日初版第一刷（株）平凡社
・おおかわち　大河内町教育委員会編　神崎郡　平成四年十月
・姓氏家系総覧　鈴木　享著　東京都　昭和四十年頃　秋田書店
・播磨・福本史誌　福本歴史文化研究会著　兵庫県神崎町福本区　平成十五年九月一日
・日本の苗字ベスト１００００　村山忠重・陣原折郎共著　二〇〇一年三月二十四日　東京都（株）新人物往来社

・伊達一族と其起源　http/shushenhp.intosekco.p/keihu/datekei/date3htm
・石見町誌　編集石見町誌編纂委員会　発行者　石見町　島根県　昭和四十七年五月十日
・邑智郡誌　森脇太一編集者　島根県　昭和十二年十二月二十日
・石見誌　天津亘編集者　大正十四年十月三十一日　島根県
・石州白銀浪漫（復刻版）小笠原爲良・山口覚共著　平成二十年発行　島根県　発行者
山口嘉夫氏
・赤松流　義民上月平左ェ門父・子・孫　昭和五十六年十二月　上月正著
・新野上月氏の研究　昭和六十二年九月一日発行　高橋弘治著
・上夜久野村史　上夜久野村史刊行委員会　代表　日和重次郎　昭和四十七年三月三一日
刊行　（有）福知山孔版社
・兵庫県史資料編
・歴史と神戸　第四十三巻第五号二四六　平成十六年十月一日発行　神戸史学会　代表宮
崎修二郎
・歴史と神戸　第四十五巻第五号二五八　平成十八年十月一日発行　神戸史学会　代表宮
崎修二郎
・飾磨郡誌

・荘園志料　上巻　下巻　昭和四十六年四月三〇日発行　編者　清水正健　（株）角川書店
・秀長さん　二〇一二年十二月十日発行　著者　蔵馬　良　（株）文芸社
・福屋一族の軌跡　著者福屋義則　http//hukuyaddo.jp/hukuya-clan/chaptes/cha3html
・山崎町誌
・播磨の光芒　著者　岩井忠彦　二〇〇四年八月一日　中央出版エージェント
・播磨風土記新考　著者　井上通泰　昭和十八年九月一日第二刷　大岡山書店
・播磨国郷土誌の研究　著者　鎌谷木三次　平成二十年七月二十八日復刻版発行
・夢前町史　夢前町教育委員会　夢前町発行　昭和五十四年一月二十日
・大名池田家のひろがり　鳥取市文化財団　鳥取市歴史博物館　編集・執筆　伊藤康晴
・上月町史　上月町史編さん委員会　発行　上月町　昭和六十三年十月十五日発行　第一平成二十二年十月三十一日第四刷発行
・中世後期の赤松氏　著者　渡邉大門　日本史史料研究会　企画部発行所　二〇一一年六月三十日　モリモト印刷（株）
・中世後期山名氏の研究　著者　渡邊大門　日本史史料研究会　企画部発行所　二〇〇九

年十二月三十日
・播磨　赤松一族　著者　濱田浩一郎　新人物往来社
・戦国合戦大事典（第六巻）京都・兵庫・岡山　編著　戦国合戦史研究会　発行者　菅英志　印刷所　三晃印刷　発行所　新人物往来社
・瀬加村村誌　兵庫県神崎郡瀬加村編　神崎郡瀬加村
・太平記④　校注・訳者　長谷川端　発行者　上野明雄　発行所　小学館
・姫路市史第二巻、本編　古代　中世　編集　姫路市史編集専門委員会　二〇一八年三月三十日　河北印刷（株）
・古事記の本―高天原の神々と古代天皇家の謎　学研プラス　二〇〇六年
・現代語古事記　著者　竹田恒泰　学研プラス　二〇一一年
・屋形の歴史　著者　後藤丹次
・兵庫県神社誌　中巻　編者　兵庫県神職会　一九三八年
・神崎郡誌　編者　兵庫県神崎郡教育会　一九四二年（一九七六年復刻）
・決定版　面白いほどよくわかる！　家紋と名字　監修　高澤等、森岡浩　西東社　二〇一九年
・歴代天皇事典　編者　高森明勅　二〇〇六年　ＰＨＰ研究所

・猿田彦神社誌　一九八四年
・武蔵武士団の一様態―安保氏の研究　著者　伊藤一美　文研出版　一九八一年
・神東神西郡沿革考　編者　大杉兵太郎ほか　一八九六年
・郷土の歴史―山口・立野・新井　著者　椿野秀男　朝来町歴史研究会　一九八五年
・古代食おもしろ事典　著者　永山久夫　主婦と生活社　一九八四年
・夢前川流域史　著者　吉田俊三　一九七四年
・孤高の系譜　伊吹　昭　二〇〇二年　文芸社
・韓国歴史散歩　著者　中山義幸、平井敏晴　二〇〇九年　河出書房新社

その他、国文学者・光田和伸先生の各地での講演を参考にさせていただきました。

おわりに

ノーベル化学賞受賞者の吉野彰氏は、「歴史を学べば過去、現在、未来に至る流れが見える」とコメントされた。化学者も歴史をツールとされるようだ。

現今の新型コロナウイルスにも歴史があって、過去に六種類あったそうだ。最初は今から九〇〇〇年前という。

その時、その六種類をどのように切り抜けたのか、歴史を知れば対応するヒントを得られるのかもしれない。

このように、あらゆる分野の歴史を探れば、思わぬ宝物を発見し、新たな発明にもつながってゆくことだろう。

我が郷土は、一級資料の『播磨国風土記』に記述されているという魅力ある風土のようだが、その詳細の解明は難しい。

古代からの遺物や記録、資料に乏しく、私の知識の乏しさも加わって、文書、内容は甚だ浅薄で物足りないにもかかわらず、最後までお読みいただき、ありがとうございました。

私としましても断言できない歯がゆさを覚えるとともに、これがスタートラインだと痛感しました。

　執筆にあたり光田先生、田中様はじめ多数の方々にご指導賜りましたことに、深く感謝申し上げます。

著者プロフィール

日和 貞憲（ひより さだのり）

1945年生まれ
兵庫県出身
趣味　ゴルフ、囲碁・将棋の観戦、日本蜜蜂の養蜂
著書『播磨國小田原・日和の起こり』（2013年）
絵本『播磨国風土記　大年神と少童命の我慢くらべ』（2017年）

古代播磨小田原村日和《ひより》の考察　神様の我慢くらべ

2024年４月15日　初版第１刷発行

著　者　日和 貞憲
発行者　瓜谷 綱延
発行所　株式会社文芸社
〒160-0022　東京都新宿区新宿１－10－１
電話　03-5369-3060（代表）
03-5369-2299（販売）

印刷所　株式会社フクイン

ISBN978-4-286-25135-6